华文水平测试丛书

华文水平测试样卷

暨南大学华文学院
暨南大学华文考试院 编

创于1897
商务印书馆
The Commercial Press

华文水平测试丛书

总序

全球中文教育大体上有三种性质。一是国内的语文教育，主要对象是国内汉语民族群，通常称为母语教育，通过学习体现国家通用语言文字要求的综合课程语文课来实现；非汉语民族群和华侨子女的国家通用语言文字教育则另有路径，这里暂且不论。二是外语教育，对象是外国人，包括国内通常所说的对外汉语教学和分布在国际上的中文教学。三是祖语教育，对象是海外华人子女，是一种民族语言文化传承教育，通常称为华文教育。

中国现代语文教育有很长的历史，已经形成了自己的教材、课程和教学体系。语文教育有自己的考试传统，多采用书面考试方式，内容包括语文基础知识和作文。随着普通话的普及，有关方面展开了普通话水平提升计划，适时推出了普通话水平测试，主要是测试口头水平。

中文作为外语的教学在新中国成立不久就开始了，20 世纪 70 年代起有了较大的发展。改革开放后，来华学习中文和其他专业的留学生越来越多。一种新型的中文教育学科，即对外汉语教学应运而生。这个名称本身，展示了跟国内语文教育的不同。经过多年努力，对外汉语教学形成了自己的教材、课程和教学理论体系；同时，中文作为第二语言的考试体系也从无到有，不断发展，广受世界关注的汉语水平考试（HSK）已经成为外国人到中国大学进行专业学习的入门证。

不过，问题很快也就来了。一批中文并非二语者的海外华人到中国读书也须拿 HSK 这个入门证。我的一位马来西亚朋友，常年为华文报纸撰稿的专栏作者，到中国读研究生，也参加了 HSK。结果，用他的话说是看到考卷“啼笑皆非”。有这种遭遇的不是个案，但那个时候，好像也没有别的办法，因为还没有相应的措施来检测这第三种中文教育，即中文作为祖语教育的学习者的中文水平。

有必要说说这批中文使用者的来历。中文作为祖语的教育由来已久。早期的海外中文教育实际上是一种母语教育，它经历了方言教学的私塾、新式学堂到现代学校的中国国语教育等阶段。当时，配合这种中文教育的考试自然是传统的语文考试；作为侨民，他们还会回国参加相关考试。20 世纪 50 年代开始，海外华人社会的侨民教育因为新中国不承认双重国籍而终止，转为华人的民族语言文化教育，中文本身也就成了我们所说的祖语。这样，无论是理论上还是实践上，它都跟国内的语文教育有了很大的不同；而作为外国人，他们的中文学习也不是一般意义上的外国语学习，用 HSK 来测试，自然很成问题。

何有此说？还得回到 HSK 本身。HSK 设定的测试对象，包括一般外国人、海外华人和中国境内少数民族。少数民族当然不同于外国人，所以民族汉考（MHK）很早就已经发展成为独立的考试。海外华人也不同于一般的外国人。例如，据相关资料，国内中文母语者学龄前的词汇量一般在 4 000 左右，而祖语保持较好的海外华人社区，如新加坡、马来西亚，学龄前的常用口语词也可达 2 000 以上，况且有不少的海外新移民是从国内出去的，有的家庭用语就是普通话或汉语方言，用 HSK 来测试他们的中文水平显然没有道理。

另一方面，各种考试都有“指挥棒”的作用，HSK 也不例外。在只有 HSK 的时代，海外中文教学中常常也只能用它来作为教学质量检测的依据，但这就影响到海外华文教学，包括教材编写、练习设计等。例如，一些针对海外华裔的华文教材就被要求用 HSK 大纲规定的词表等级、汉字等级来编写，这些无疑对海外中华语言文化传承教育带来了负面影响。

就我所知，最早意识到这些问题并提出质疑的学者来自暨南大学华文学院。该学院长期以来华海外华侨华人子女为主要教学对象，也担负着大量海外华文教学、师资培训和教材编写等任务。长期的一线教学实践和研究使他们对海外华语及其传承中的一系列问题有比较深入的认识，对缺乏针对海外华裔青少年的适用考试带来的问题有更深切的感受。他们深知华文水平测试（简称“华测”）研究的重要性，不断地呼吁，并积极进行理论研究和操作探索。10 多年来，他们在有关方面的支持下，全力以赴，克服重重困难，在华文水平测试的理论探索、方案设计、试卷编写和实地测试等方面开展了一系列工作，取得了丰硕的成果，受到了海外华文教育界的广泛好评。他们以引导海外华人社会的华文能力保持为追求，采取标准加常模的设计，以华文能力标准为依据，研制了汉字、词汇、语法、文化等大纲，为不同年龄段设计了阅读、写作各六个等级，口语三个等级的考试框架，听力在华测中不作为一个独立的测试品种，而作为基础的、背景意义上的能力。窥豹一斑，华测的不同、华测的“华”字性质呼之欲出。现在摆在我们面前的“华文水平测试丛书”，就是他们辛勤探索过程的记录和重要成果。

丛书由《华文水平测试考试手册》《华文水平测试样卷》《华文水平测试汉字大纲》《华文水平测试词汇大纲》《华文水平测试语法大纲》《华文水平测试文化大纲》《华文水平测试概论》七个部分组成，展示了海外华文水平测试体系，有理论、有方法、有实践案例，基本实现了华文水平测试目前研究领域的全覆盖。这是今后相关测试和进一步展开研究的重要基础，是开展海外华语传承、建构中华民族共同体的重要参考。

丛书体现了不少新的理念，有鲜明的特色，具有很强的科学性、实用性和可操作性。在语言测试技术方面我完全是外行，按照鉴定专家的说法，华测以较大样本的试验结果表明，该测试系统难度适中，区分度强，信度效度符合标准化考试的要求。真诚地希望有更多的人和相关部门支持和关注华文水平测试，使之早日成为全世界华裔华文水平的统一标准、海外华人母语文自我评价的语言依据、监测海外华人社会母语言现状及变迁的依据，也可以作为通用华文教材的编写参考等。

作为推动华文水平测试研究的吹鼓手，我经历了其中的一些过程，对这个团队的精神由衷地佩服和赞赏，乐意支持和推荐这套丛书在商务印书馆出版。丛书主编希望我能在这套著作出版的时候写几句话，于是就有了上面的文字，也算是我对华文水平测试的进一步鼓吹。

是为序。

郭熙

2022 年 8 月 25 日于北京

目　录

华文水平测试阅读考试样卷

华文水平测试

阅读 · 一级

（适用年龄：6 岁左右）

样　卷

暨南大学 • 华文考试院

中国 • 广州

注意事项

一、本试卷共 30 题，分两部分：

1. 识字（三大题，每大题 6 小题）

2. 读文（两大题，每大题 6 小题）

二、所有答案必须写在答题卡上，写在试卷上不得分

三、考试时间 25 分钟（含填涂答题卡）

第一部分　识字

一、认汉字，每题找出能跟方框中偏旁成字的一项，并在答题卡上涂黑。（第 1—6 题，共 6 题）

例： 日　　A. 上　　B. 月　　C. 卜

解析：“日”“月”可以合成“明”，其他选项不能跟“日”合成字，所以在答题卡上将 B 涂■。

1. 土　　A. 昔　　B. 也　　C. 羊

2. 你　　A. 犬　　B. 由　　C. 心

3. 艹　　A. 串　　B. 古　　C. 卉

4. 辶　　A. 元　　B. 尚　　C. 山

5. 犭　　A. 泉　　B. 呈　　C. 苗

6. 扌　　A. 乇　　B. 午　　C. 巳

二、认汉字，每题找出<u>字音</u>个别的一项，并在答题卡上涂黑。（第7—12题，共6题）

例：A. 不　　B. 白　　C. 子

解析：“不”“白”声母一样，“子”跟“不”“白”声母、韵母都不同，所以选“子”，在答题卡上将C涂■。

7. A. 见　　B. 八　　C. 几

8. A. 衣　　B. 习　　C. 半

9. A. 色　　B. 真　　C. 粉

10. A. 轻　　B. 情　　C. 许

11. A. 声　　B. 师　　C. 高

12. A. 舌　　B. 断　　C. 短

三、认汉字，每题找出字义个别的一项，并在答题卡上涂黑。（第13—18题，共6题）

例：A. 羊　　B. 牛　　C. 也

解析：“羊”“牛”都表示动物，“也”则完全不同，所以选“也”，在答题卡上将C涂■。

13. A. 地　　B. 天　　C. 学

14. A. 路　　B. 字　　C. 道

15. A. 收　　B. 放　　C. 响

16. A. 会　　B. 女　　C. 男

17. A. 屋　　B. 房　　C. 蚊

18. A. 兔　　B. 帽　　C. 猪

第二部分　读文

四、阅读文本，每题中间停顿一次，请按照要求找出停顿项，并在答题卡上涂黑。（第19—24题，共6题）

例： 我 想 出 去 玩 可 是 我 生 病 了
A B C D E F G H I J K

解析： 这句话应该这样停顿：**我想出去玩/可是我生病了**，所以在答题卡上将E涂■。

19. 请 拿 个 杯 子 来 我 想 喝 热 水
A B C D E F G H I J K

20. 家 里 太 脏 了 到 处 是 垃 圾
A B C D E F G H I J

21. 赶 快 回 去 吧 天 马 上 就 要 黑 了
A B C D E F G H I J K L

22. 秋 天 到 了 北 京 变 得 更 漂 亮 了
A B C D E F G H I J K L

23. 老 师 讲 的 故 事 真 好 听 我 还 想 听
A B C D E F G H I J K L M

24. 爷 爷 买 回 来 一 只 小 猫 它 太 可 爱 了
A B C D E F G H I J K L M N

五、阅读文本，每题找出一个别字，并在答题卡上涂黑。（第25—30题，共6题）

例： 爸爸要买一两新车。
A B C D E F G H

解析：“两”处的正确用字是“辆”，所以在答题卡上将F涂■。

25. 姐姐被我下哭了。
A B C D E F G

26. 他为什么不斤电话？
A B C D E F G H

27. 小狗总要又个名字吧！
A B C D E F G H I

28. 他饭还没吃就跑出去完了。
A B C D E F G H I J K

29. 我饿了，妈妈还没做好反。
A B C D E F G H I J K

30. 大雪把房子和树都便成了白色。
A B C D E F G H I J K L M

华文水平测试答题卡

阅读 · 一级

姓名	

填涂要求	1. 请用 2B 铅笔填涂。 2. 正确填涂：■ 3. 修改时请用橡皮擦干净。 4. 请勿折叠、弄脏或弄破。

准考证号填涂区																
[0]	[0]	[0]	[0]	[0]	[0]	[0]	[0]	[0]	[0]	[0]	[0]	[0]	[0]	[0]	[0]	[0]
[1]	[1]	[1]	[1]	[1]	[1]	[1]	[1]	[1]	[1]	[1]	[1]	[1]	[1]	[1]	[1]	[1]
[2]	[2]	[2]	[2]	[2]	[2]	[2]	[2]	[2]	[2]	[2]	[2]	[2]	[2]	[2]	[2]	[2]
[3]	[3]	[3]	[3]	[3]	[3]	[3]	[3]	[3]	[3]	[3]	[3]	[3]	[3]	[3]	[3]	[3]
[4]	[4]	[4]	[4]	[4]	[4]	[4]	[4]	[4]	[4]	[4]	[4]	[4]	[4]	[4]	[4]	[4]
[5]	[5]	[5]	[5]	[5]	[5]	[5]	[5]	[5]	[5]	[5]	[5]	[5]	[5]	[5]	[5]	[5]
[6]	[6]	[6]	[6]	[6]	[6]	[6]	[6]	[6]	[6]	[6]	[6]	[6]	[6]	[6]	[6]	[6]
[7]	[7]	[7]	[7]	[7]	[7]	[7]	[7]	[7]	[7]	[7]	[7]	[7]	[7]	[7]	[7]	[7]
[8]	[8]	[8]	[8]	[8]	[8]	[8]	[8]	[8]	[8]	[8]	[8]	[8]	[8]	[8]	[8]	[8]
[9]	[9]	[9]	[9]	[9]	[9]	[9]	[9]	[9]	[9]	[9]	[9]	[9]	[9]	[9]	[9]	[9]

1	[A]	[B]	[C]	**7**	[A]	[B]	[C]	**13**	[A]	[B]	[C]
2	[A]	[B]	[C]	**8**	[A]	[B]	[C]	**14**	[A]	[B]	[C]
3	[A]	[B]	[C]	**9**	[A]	[B]	[C]	**15**	[A]	[B]	[C]
4	[A]	[B]	[C]	**10**	[A]	[B]	[C]	**16**	[A]	[B]	[C]
5	[A]	[B]	[C]	**11**	[A]	[B]	[C]	**17**	[A]	[B]	[C]
6	[A]	[B]	[C]	**12**	[A]	[B]	[C]	**18**	[A]	[B]	[C]

19	[A]	[B]	[C]	[D]	[E]	[F]	[G]	[H]	[I]	[J]	[K]	[L]	[M]	[N]	[O]	[P]	[Q]	[R]
20	[A]	[B]	[C]	[D]	[E]	[F]	[G]	[H]	[I]	[J]	[K]	[L]	[M]	[N]	[O]	[P]	[Q]	[R]
21	[A]	[B]	[C]	[D]	[E]	[F]	[G]	[H]	[I]	[J]	[K]	[L]	[M]	[N]	[O]	[P]	[Q]	[R]
22	[A]	[B]	[C]	[D]	[E]	[F]	[G]	[H]	[I]	[J]	[K]	[L]	[M]	[N]	[O]	[P]	[Q]	[R]
23	[A]	[B]	[C]	[D]	[E]	[F]	[G]	[H]	[I]	[J]	[K]	[L]	[M]	[N]	[O]	[P]	[Q]	[R]
24	[A]	[B]	[C]	[D]	[E]	[F]	[G]	[H]	[I]	[J]	[K]	[L]	[M]	[N]	[O]	[P]	[Q]	[R]

25	[A]	[B]	[C]	[D]	[E]	[F]	[G]	[H]	[I]	[J]	[K]	[L]	[M]	[N]	[O]	[P]	[Q]	[R]
26	[A]	[B]	[C]	[D]	[E]	[F]	[G]	[H]	[I]	[J]	[K]	[L]	[M]	[N]	[O]	[P]	[Q]	[R]
27	[A]	[B]	[C]	[D]	[E]	[F]	[G]	[H]	[I]	[J]	[K]	[L]	[M]	[N]	[O]	[P]	[Q]	[R]
28	[A]	[B]	[C]	[D]	[E]	[F]	[G]	[H]	[I]	[J]	[K]	[L]	[M]	[N]	[O]	[P]	[Q]	[R]
29	[A]	[B]	[C]	[D]	[E]	[F]	[G]	[H]	[I]	[J]	[K]	[L]	[M]	[N]	[O]	[P]	[Q]	[R]
30	[A]	[B]	[C]	[D]	[E]	[F]	[G]	[H]	[I]	[J]	[K]	[L]	[M]	[N]	[O]	[P]	[Q]	[R]

阅读·一级样卷答案

识字部分

一、	1.B	2.C	3.B	4.A	5.C	6.A
二、	7.B	8.C	9.A	10.C	11.C	12.A
三、	13.C	14.B	15.C	16.A	17.C	18.B

读文部分

四、	19.F	20.E	21.E	22.D	23.I	24.I
五、	25.E	26.F	27.E	28.J	29.K	30.I

华文水平测试

阅读·二级

（适用年龄：8岁左右）

样　卷

暨南大学·华文考试院

中国·广州

注意事项

一、本试卷共 60 题，分两部分：

1. 识字（三大题，每大题 12 小题）

2. 读文（两大题，每大题 12 小题）

二、所有答案必须写在答题卡上，写在试卷上不得分

三、考试时间 40 分钟（含填涂答题卡）

第一部分　识字

一、认汉字，每题找出能跟方框中偏旁成字的一项，并在答题卡上涂黑。（第 1—12 题，共 12 题）

例：日　　A. 上　　B. 月　　C. 卜

解析："日""月"可以合成"明"，其他选项不能跟"日"合成字，所以在答题卡上将 B 涂■。

1. 丁　　A. 又　　B. 口　　C. 山

2. 扌　　A. 白　　B. 页　　C. 下

3. 八　　A. 叩　　B. 刀　　C. 化

4. 艹　　A. 监　　B. 月　　C. 女

5. 目　　A. 争　　B. 公　　C. 予

6. 彳　　A. 肯　　B. 引　　C. 亍

7. 氵　　A. 也　　B. 支　　C. 武

8. 女　　A. 旨　　B. 爻　　C. 良

9. 厂　　A. 玉　　B. 万　　C. 才

10. 亻　　A. 叚　　B. 开　　C. 帛

11. 犭　　A. 适　　B. 赤　　C. 青

12. 宀　　A. 目　　B. 龙　　C. 布

二、认汉字，每题找出字音个别的一项，并在答题卡上涂黑。（第13—24题，共12题）

例： A. 不　　　B. 白　　　C. 子

解析：“不”“白”声母一样，“子”跟“不”“白”声母、韵母都不同，所以选“子”，在答题卡上将C涂■。

13.　A. 力　　B. 把　　C. 他

14.　A. 早　　B. 明　　C. 好

15.　A. 花　　B. 辆　　C. 滑

16.　A. 香　　B. 讲　　C. 认

17.　A. 特　　B. 语　　C. 托

18.　A. 物　　B. 冰　　C. 舞

19.　A. 川　　B. 春　　C. 期

20.　A. 谷　　B. 棍　　C. 夹

21.　A. 接　　B. 界　　C. 狐

22.　A. 利　　B. 肤　　C. 挤

23.　A. 酒　　B. 窝　　C. 误

24.　A. 封　　B. 牵　　C. 签

三、认汉字，每题找出字义个别的一项，并在答题卡上涂黑。（第25—36题，共12题）

例：A. 羊　　B. 牛　　C. 也

解析："羊""牛"都表示动物，"也"则完全不同，所以选"也"，在答题卡上将C涂■。

25.	A. 乐	B. 点	C. 欢
26.	A. 过	B. 近	C. 远
27.	A. 她	B. 地	C. 他
28.	A. 开	B. 关	C. 句
29.	A. 就	B. 放	C. 摆
30.	A. 干	B. 湿	C. 裙
31.	A. 危	B. 底	C. 安
32.	A. 闹	B. 角	C. 吵
33.	A. 深	B. 浅	C. 法
34.	A. 刺	B. 傻	C. 笨
35.	A. 温	B. 暖	C. 称
36.	A. 盆	B. 福	C. 桶

第二部分　读文

四、阅读文本，下面的试题分为两部分，请按照要求找出停顿项，并在答题卡上涂黑。（第37—48题，共12题）

（一）本部分每题中间停顿一次，找出停顿项，并在答题卡上涂黑。（第37—42题，共6题）

例： 我 想 出 去 玩 可 是 我 生 病 了
A B C D E F G H I J K

解析： 这句话应该这样停顿：**我想出去玩/可是我生病了**，所以在答题卡上将E涂■。

37. 狼 来 了 大 家 快 躲 起 来
A B C D E F G H I

38. 在 我 的 朋 友 中 小 红 学 习 最 好
A B C D E F G H I J K L

39. 昨 晚 一 直 在 下 雨 现 在 还 没 停
A B C D E F G H I J K L

40. 妹 妹 一 会 儿 画 猫 一 会 儿 画 狗
A B C D E F G H I J K L

41. 我 今 天 起 床 晚 了 十 分 钟 后 就 到
A B C D E F G H I J K L M

42. 昨 天 下 午 老 师 带 我 去 医 院 看 病 了
A B C D E F G H I J K L M N

（二）本部分每题中间停顿两次，找出停顿项，并在答题卡上涂黑。（第43—48题，共6题）

例： 我 想 出 去 玩 可 是 我 生 病 了 只 好 在 家 里
A B C D E F G H I J K L M N O P

解析： 这句话应该这样停顿：**我想出去玩/可是我生病了/只好在家里**，所以在答题卡上将E和K涂■。

43. 好 热 啊 我 流 了 好 多 汗 太 不 舒 服 了
A B C D E F G H I J K L M N

44. 朋 友 喊 我 打 球 一 会 儿 回 来 别 关 门
A B C D E F G H I J K L M N

45. 同 学 好 请 问 学 校 外 边 有 超 市 吗 我 想 买 瓶 水
A B C D E F G H I J K L M N O P Q R

46. 每 天 夜 里 小 台 灯 都 蹲 在 桌 子 上 看 着 我 认 真 学 习
A B C D E F G H I J K L M N O P Q R S T

47. 今 天 是 我 的 生 日 同 学 们 都 送 来 了 祝 福 我 好 开 心 啊
A B C D E F G H I J K L M N O P Q R S T U

48. 新 学 期 到 了 我 们 班 里 有 了 不 少 变 化 快 跟 着 我 来 看 看 吧
A B C D E F G H I J K L M N O P Q R S T U V W

五、阅读文本，每题找出一个别字，并在答题卡上涂黑。（第49—60题，共12题）

> **例：** 爸爸要买一两新车。
> A B C D E F G H
>
> **解析：**“两”处的正确用字是“辆”，所以在答题卡上将F涂■。

49. 他上我们快去休息。
A B C D E F G H

50. 我把作业计下来了。
A B C D E F G H

51. 那儿有一支可爱的小猪。
A B C D E F G H I J

52. 在屋子里拍求会吵到别人。
A B C D E F G H I J K

53. 小兔子去给妈妈松雨伞了。
A B C D E F G H I J K

54. 这个大箱子太重了，他们台不动。
A B C D E F G H I J K L M N

55. 春天到了，种子都发牙了。
A B C D E F G H I J K

56. 田里的萝卜怎么也把不出来。
A B C D E F G H I J K L

57. 这菜味道又咸又蜡，太难吃了。
A B C D E F G H I J K L M

58. 他们正弯着要在地里干活儿呢。
A B C D E F G H I J K L M

59. 没相到，爸爸小时候比我还淘气！
A B C D E F G H I J K L M N

60. 弟弟不小心铁倒了，大哭了起来。
A B C D E F G H I J K L M N

华文水平测试答题卡

阅读 · 二级

姓名	
填涂要求	1. 请用 2B 铅笔填涂。 2. 正确填涂：■ 3. 修改时请用橡皮擦干净。 4. 请勿折叠、弄脏或弄破。

准考证号填涂区																
[0]	[0]	[0]	[0]	[0]	[0]	[0]	[0]	[0]	[0]	[0]	[0]	[0]	[0]	[0]	[0]	[0]
[1]	[1]	[1]	[1]	[1]	[1]	[1]	[1]	[1]	[1]	[1]	[1]	[1]	[1]	[1]	[1]	[1]
[2]	[2]	[2]	[2]	[2]	[2]	[2]	[2]	[2]	[2]	[2]	[2]	[2]	[2]	[2]	[2]	[2]
[3]	[3]	[3]	[3]	[3]	[3]	[3]	[3]	[3]	[3]	[3]	[3]	[3]	[3]	[3]	[3]	[3]
[4]	[4]	[4]	[4]	[4]	[4]	[4]	[4]	[4]	[4]	[4]	[4]	[4]	[4]	[4]	[4]	[4]
[5]	[5]	[5]	[5]	[5]	[5]	[5]	[5]	[5]	[5]	[5]	[5]	[5]	[5]	[5]	[5]	[5]
[6]	[6]	[6]	[6]	[6]	[6]	[6]	[6]	[6]	[6]	[6]	[6]	[6]	[6]	[6]	[6]	[6]
[7]	[7]	[7]	[7]	[7]	[7]	[7]	[7]	[7]	[7]	[7]	[7]	[7]	[7]	[7]	[7]	[7]
[8]	[8]	[8]	[8]	[8]	[8]	[8]	[8]	[8]	[8]	[8]	[8]	[8]	[8]	[8]	[8]	[8]
[9]	[9]	[9]	[9]	[9]	[9]	[9]	[9]	[9]	[9]	[9]	[9]	[9]	[9]	[9]	[9]	[9]

1	[A] [B] [C]	**7**	[A] [B] [C]	**13**	[A] [B] [C]	**19**	[A] [B] [C]	**25**	[A] [B] [C]	**31**	[A] [B] [C]
2	[A] [B] [C]	**8**	[A] [B] [C]	**14**	[A] [B] [C]	**20**	[A] [B] [C]	**26**	[A] [B] [C]	**32**	[A] [B] [C]
3	[A] [B] [C]	**9**	[A] [B] [C]	**15**	[A] [B] [C]	**21**	[A] [B] [C]	**27**	[A] [B] [C]	**33**	[A] [B] [C]
4	[A] [B] [C]	**10**	[A] [B] [C]	**16**	[A] [B] [C]	**22**	[A] [B] [C]	**28**	[A] [B] [C]	**34**	[A] [B] [C]
5	[A] [B] [C]	**11**	[A] [B] [C]	**17**	[A] [B] [C]	**23**	[A] [B] [C]	**29**	[A] [B] [C]	**35**	[A] [B] [C]
6	[A] [B] [C]	**12**	[A] [B] [C]	**18**	[A] [B] [C]	**24**	[A] [B] [C]	**30**	[A] [B] [C]	**36**	[A] [B] [C]

37	[A] [B] [C] [D] [E] [F] [G] [H] [I] [J] [K] [L] [M] [N] [O] [P] [Q] [R]
38	[A] [B] [C] [D] [E] [F] [G] [H] [I] [J] [K] [L] [M] [N] [O] [P] [Q] [R]
39	[A] [B] [C] [D] [E] [F] [G] [H] [I] [J] [K] [L] [M] [N] [O] [P] [Q] [R]
40	[A] [B] [C] [D] [E] [F] [G] [H] [I] [J] [K] [L] [M] [N] [O] [P] [Q] [R]
41	[A] [B] [C] [D] [E] [F] [G] [H] [I] [J] [K] [L] [M] [N] [O] [P] [Q] [R]
42	[A] [B] [C] [D] [E] [F] [G] [H] [I] [J] [K] [L] [M] [N] [O] [P] [Q] [R]

43	[A] [B] [C] [D] [E] [F] [G] [H] [I] [J] [K] [L] [M] [N] [O] [P] [Q] [R] [S] [T] [U] [V] [W] [X] [Y] [Z] [A] [B] [C] [D]
44	[A] [B] [C] [D] [E] [F] [G] [H] [I] [J] [K] [L] [M] [N] [O] [P] [Q] [R] [S] [T] [U] [V] [W] [X] [Y] [Z] [A] [B] [C] [D]
45	[A] [B] [C] [D] [E] [F] [G] [H] [I] [J] [K] [L] [M] [N] [O] [P] [Q] [R] [S] [T] [U] [V] [W] [X] [Y] [Z] [A] [B] [C] [D]
46	[A] [B] [C] [D] [E] [F] [G] [H] [I] [J] [K] [L] [M] [N] [O] [P] [Q] [R] [S] [T] [U] [V] [W] [X] [Y] [Z] [A] [B] [C] [D]
47	[A] [B] [C] [D] [E] [F] [G] [H] [I] [J] [K] [L] [M] [N] [O] [P] [Q] [R] [S] [T] [U] [V] [W] [X] [Y] [Z] [A] [B] [C] [D]
48	[A] [B] [C] [D] [E] [F] [G] [H] [I] [J] [K] [L] [M] [N] [O] [P] [Q] [R] [S] [T] [U] [V] [W] [X] [Y] [Z] [A] [B] [C] [D]

49	[A] [B] [C] [D] [E] [F] [G] [H] [I] [J] [K] [L] [M] [N] [O] [P] [Q] [R]
50	[A] [B] [C] [D] [E] [F] [G] [H] [I] [J] [K] [L] [M] [N] [O] [P] [Q] [R]
51	[A] [B] [C] [D] [E] [F] [G] [H] [I] [J] [K] [L] [M] [N] [O] [P] [Q] [R]
52	[A] [B] [C] [D] [E] [F] [G] [H] [I] [J] [K] [L] [M] [N] [O] [P] [Q] [R]
53	[A] [B] [C] [D] [E] [F] [G] [H] [I] [J] [K] [L] [M] [N] [O] [P] [Q] [R]
54	[A] [B] [C] [D] [E] [F] [G] [H] [I] [J] [K] [L] [M] [N] [O] [P] [Q] [R]
55	[A] [B] [C] [D] [E] [F] [G] [H] [I] [J] [K] [L] [M] [N] [O] [P] [Q] [R]
56	[A] [B] [C] [D] [E] [F] [G] [H] [I] [J] [K] [L] [M] [N] [O] [P] [Q] [R]
57	[A] [B] [C] [D] [E] [F] [G] [H] [I] [J] [K] [L] [M] [N] [O] [P] [Q] [R]
58	[A] [B] [C] [D] [E] [F] [G] [H] [I] [J] [K] [L] [M] [N] [O] [P] [Q] [R]
59	[A] [B] [C] [D] [E] [F] [G] [H] [I] [J] [K] [L] [M] [N] [O] [P] [Q] [R]
60	[A] [B] [C] [D] [E] [F] [G] [H] [I] [J] [K] [L] [M] [N] [O] [P] [Q] [R]

阅读·二级样卷答案

识字部分

一、	1.B	2.A	3.B	4.A	5.A	6.C
	7.A	8.C	9.B	10.A	11.C	12.B
二、	13.A	14.B	15.B	16.C	17.B	18.B
	19.C	20.C	21.C	22.B	23.A	24.A
三、	25.B	26.A	27.B	28.C	29.A	30.C
	31.B	32.B	33.C	34.A	35.C	36.B

读文部分

四、	37.C	38.F	39.G	40.G	41.G	42.D
	43.CI	44.FK	45.CM	46.DM	47.GP	48.EO
五、	49.B	50.E	51.E	52.F	53.H	54.L
	55.J	56.I	57.H	58.F	59.B	60.F

华文水平测试

阅读·三级

（适用年龄：10 岁左右）

样　卷

暨南大学·华文考试院

中国·广州

注意事项

一、本试卷共 108 题，分两部分：

1. 识字（三大题，每大题 18 小题）

2. 读文（三大题，每大题 18 小题）

二、所有答案必须写在答题卡上，写在试卷上不得分

三、考试时间 60 分钟（含填涂答题卡）

第一部分　识字

一、认汉字，每题找出能跟方框中偏旁成字的一项，并在答题卡上涂黑。（第1—18题，共18题）

例：日　　A. 上　　B. 月　　C. 卜

解析：“日”“月”可以合成“明”，其他选项不能跟“日”合成字，所以在答题卡上将B涂■。

1. 门　　A. 则　　B. 口　　C. 页

2. 木　　A. 交　　B. 朝　　C. 史

3. 亻　　A. 夆　　B. 知　　C. 到

4. 大　　A. 日　　B. 可　　C. 王

5. ⺮　　A. 舛　　B. 规　　C. 快

6. 广　　A. 己　　B. 占　　C. 月

7. 艹　　A. 牙　　B. 兄　　C. 业

8. 日　　A. 七　　B. 勿　　C. 见

9. 古　　A. 阑　　B. 月　　C. 昷

10. 王　　A. 鬼　　B. 夷　　C. 赤

11. 穴　　A. 幺　　B. 月　　C. 呙

12. 豸　　A. 师　　B. 皃　　C. 其

13. 宀　　A. 手　　B. 头　　C. 足

14. 氵　　A. 率　　B. 鸟　　C. 炎

15. 石　　A. 卜　　B. 区　　C. 录

16. 知　　A. 日　　B. 玉　　C. 力

17. ⻊　　A. 反　　B. 夸　　C. 负

18. 口　　A. 古　　B. 昔　　C. 田

二、认汉字，每题找出字音个别的一项，并在答题卡上涂黑。（第19—36题，共18题）

> **例：** A. 不　　B. 白　　C. 子
>
> **解析：**“不”“白”声母一样，“子”跟“不”“白”声母、韵母都不同，所以选“子”，在答题卡上将C涂■。

19. A. 文　　B. 山　　C. 本

20. A. 样　　B. 来　　C. 上

21. A. 雨　　B. 挂　　C. 抓

22. A. 位　　B. 喂　　C. 记

23. A. 金　　B. 左　　C. 坐

24. A. 室　　B. 视　　C. 碗

25. A. 挡　　B. 民　　C. 浪

26. A. 苗 B. 迷 C. 曲

27. A. 撕 B. 浇 C. 骄

28. A. 界 B. 跌 C. 负

29. A. 冻 B. 傻 C. 宫

30. A. 察 B. 袖 C. 修

31. A. 叹 B. 柜 C. 灿

32. A. 取 B. 境 C. 晶

33. A. 灵 B. 论 C. 测

34. A. 夺 B. 港 C. 芒

35. A. 妆 B. 狂 C. 虑

36. A. 酷 B. 羡 C. 况

三、认汉字，每题找出字义个别的一项，并在答题卡上涂黑。（第37—54题，共18题）

> **例：** A. 羊 B. 牛 C. 也
>
> **解析：**“羊”“牛”都表示动物，“也”则完全不同，所以选“也”，在答题卡上将C涂■。

37. A. 来 B. 去 C. 力

38. A. 心 B. 变 C. 改

39. A. 吓 B. 台 C. 桌

40.	A. 歌	B. 校	C. 舞
41.	A. 走	B. 跑	C. 最
42.	A. 每	B. 应	C. 答
43.	A. 西	B. 瓜	C. 东
44.	A. 真	B. 假	C. 汁
45.	A. 童	B. 娃	C. 罚
46.	A. 误	B. 肤	C. 皮
47.	A. 箱	B. 舅	C. 姑
48.	A. 咸	B. 搂	C. 辣
49.	A. 尘	B. 灰	C. 途
50.	A. 扣	B. 幸	C. 系
51.	A. 哑	B. 仓	C. 库
52.	A. 聚	B. 沫	C. 散
53.	A. 繁	B. 肢	C. 简
54.	A. 捆	B. 绑	C. 盼

第二部分　读文

四、阅读文本，下面的试题分为三部分，请按照要求找出停顿项，并在答题卡上涂黑。（第 55—72 题，共 18 题）

（一）本部分每题中间停顿一次，找出停顿项，并在答题卡上涂黑。（第 55—60 题，共 6 题）

例： 我 想 出 去 玩 可 是 我 生 病 了
A B C D E F G H I J K

解析： 这句话应该这样停顿：**我想出去玩/可是我生病了**，所以在答题卡上将E涂■。

55. 我 不 认 识 你 不 要 跟 你 走
A B C D E F G H I J

56. 你 今 天 不 舒 服 不 要 去 学 校 了
A B C D E F G H I J K L

57. 还 不 回 来 啊 马 上 就 十 点 了
A B C D E F G H I J K

58. 马 上 就 要 上 课 了 不 要 说 话 了
A B C D E F G H I J K L

59. 姐 姐 有 很 多 衣 服 黑 色 的 衣 服 最 多
A B C D E F G H I J K L M N

60. 周 末 的 时 候 爸 爸 经 常 带 我 去 爬 山
A B C D E F G H I J K L M N

（二）本部分每题中间停顿两次，找出停顿项，并在答题卡上涂黑。（第 61—66 题，共 6 题）

> **例：** 我想出去玩可是我生病了只好在家里
> A B C D E F G H I J K L M N O P
>
> **解析：** 这句话应该这样停顿：**我想出去玩 / 可是我生病了 / 只好在家里**，所以在答题卡上将 E 和 K 涂■。

61. 小兔子白又白爱吃萝卜和青菜
A B C D E F G H I J K L M

62. 班长请帮我把今天的语文作业收一下谢谢
A B C D E F G H I J K L M N O P Q R

63. 要是我能变成小鸟飞上蓝蓝的天空那该多自由啊
A B C D E F G H I J K L M N O P Q R S T U

64. 那是一棵十分特别的苹果树五年多了还没有开过一朵花
A B C D E F G H I J K L M N O P Q R S T U V W X

65. 我有一个妹妹她十分调皮家里的玩具都已经被她弄坏了
A B C D E F G H I J K L M N O P Q R S T U V W X

66. 我一直这样觉得动物不会跟人说话可是它们也有自己的语言
A B C D E F G H I J K L M N O P Q R S T U V W X Y Z

（三）本部分每题中间停顿三次，找出停顿项，并在答题卡上涂黑。（第 67—72 题，共 6 题）

> **例：** 我想出去玩可是我生病了不能出门只好在家里
> A B C D E F G H I J K L M N O P Q R S T
>
> **解析：** 这句话应该这样停顿：**我想出去玩 / 可是我生病了 / 不能出门 / 只好在家里**，所以在答题卡上将 E、K 和 O 涂■。

67. 今天是新学期第一天小红迅速吃完早餐背上新买的书包哼着
A B C D E F G H I J K L M N O P Q R S T U V W X Y Z

歌儿上学去了
A B C D E F

68. 吃过晚饭以后爸爸到客厅看电视妈妈去厨房洗碗我回房间写
A B C D E F G H I J K L M N O P Q R S T U V W X Y Z

作业
A B

69. 火红的花朵碧绿的树叶洁白的雪花大自然真是一个优秀的画
A B C D E F G H I J K L M N O P Q R S T U V W X Y Z

家
A

70. 下午放学后我和朋友们一起去公园里玩滑板可还没滑几米我
A B C D E F G H I J K L M N O P Q R S T U V W X Y Z

就摔倒了
A B C D

71. 走进公园的大门迎面是一座小山山的右边是茂密的树林左边
A B C D E F G H I J K L M N O P Q R S T U V W X Y Z

是一条清澈的小河
A B C D E F G H

72. 生病的小狗眯着眼睛只能轻轻地晃晃脑袋动动前爪后半个身
A B C D E F G H I J K L M N O P Q R S T U V W X Y Z

子好像不是它的
A B C D E F G

五、阅读文本，每题找出一个别字，并在答题卡上涂黑。（第73—90题，共18题）

> **例：** 爸爸要买一两新车。
> A B C D E F G H
>
> **解析：** “两”处的正确用字是“辆”，所以在答题卡上将F涂■。

73. 那是一坐花园。
A B C D E F

74. 我生气地百了她一眼。
A B C D E F G H I

75. 别着急，车还没井呢！
A B C D E F G H I

76. 现在已经下午五点办了。
A B C D E F G H I J

77. 你在着儿等我，我马上回来。
A B C D E F G H I J K L

78. 学校很进，我每天都走路上学。
A B C D E F G H I J K L M

79. 妹妹到医院看到真就哭。
A B C D E F G H I J

80. 妈妈不谁我在床上吃东西。
A B C D E F G H I J K

81. 他那起照相机给大家拍照片。
A B C D E F G H I J K L

82. 我们一家人要般去很远的地方。
A B C D E F G H I J K L M

83. 回家后，我哭着扑进爸爸的坏中。
A B C D E F G H I J K L M N

84. 她跳了一件又一件，不知道买哪件好。
A B C D E F G H I J K L M N O P

85. 他们每次都会越在花园见面。
A B C D E F G H I J K L

86. 我暗暗并住气，不敢出一点声。
A B C D E F G H I J K L M

87. 我看见旁边的桌上放着几棵糖果。
A B C D E F G H I J K L M N

88. 小猫缩成一团，躺在沙发上睡着了。
A B C D E F G H I J K L M N O

89. 雨纷纷扬扬地落下，带给人一私凉意。
A B C D E F G H I J K L M N O P

90. 我们把所有颜色昆到一起，把画涂得乱七八糟。
A B C D E F G H I J K L M N O P Q R S T

六、阅读文本，每题有一个缺字，请找出空缺前字和缺字，并在答题卡上涂黑。（第91—108题，共18题）

> **例：** a. 问　b. 懒　c. 他　d. 水　e. 也　f. 送
>
> 我可以你一个问题吗？
> A B C D E F G H I
>
> **解析：** 这句话应该是"**我可以问你一个问题吗？**"，空缺处在"以"的后面，缺字为"问"，所以在答题卡上将C和a涂■。

a. 停　b. 间　c. 冷　d. 宝　e. 心　f. 脏

91. 别着急，还有时。
A B C D E F G

92. 雨了，太阳出来了。
A B C D E F G H

93. 天了，多穿点衣服。
A B C D E F G H

94. 小猪很，经常不洗澡。
A B C D E F G H I

95. 小朋友们都是妈妈的贝。
A B C D E F G H I J

96. 过马路的时候一定要小。
A B C D E F G H I J

a. 变　b. 长　c. 做　d. 起　e. 喜　f. 踢

97. 你睡了多时间啊？
A B C D E F G

98. 自己的事情要自己。
A B C D E F G H

99. 我们欢和你在一起。
A B C D E F G H

100. 快床，你个小懒虫！
A B C D E F G H

101. 你了，以前你可不是这样的。
A B C D E F G H I J K L

102. 院子里不许球，会打碎玻璃的！
A B C D E F G H I J K L M

a. 病　b. 表　c. 人　d. 始　e. 飞　f. 重

103. 鸡有翅膀，但它们得不高。
A B C D E F G H I J K

104. 小胖猪的体足足有二百斤。
A B C D E F G H I J K

105. 药苦也得吃，吃药才能把治好！
A B C D E F G H I J K L M

106. 张奶奶一个生活，她没有亲人。
A B C D E F G H I J K L M

107. 你们都是爱学习的好孩子，值得扬！
A B C D E F G H I J K L M N O

108. 我们的旅行从国内开，第一站是北京。
A B C D E F G H I J K L M N O P

华文水平测试答题卡

阅读 · 三级

姓名	

填涂要求	1. 请用 2B 铅笔填涂。 2. 正确填涂：■ 3. 修改时请用橡皮擦干净。 4. 请勿折叠、弄脏或弄破。

准考证号填涂区

[0]	[0]	[0]	[0]	[0]	[0]	[0]	[0]	[0]	[0]	[0]	[0]	[0]	[0]	[0]	[0]	[0]
[1]	[1]	[1]	[1]	[1]	[1]	[1]	[1]	[1]	[1]	[1]	[1]	[1]	[1]	[1]	[1]	[1]
[2]	[2]	[2]	[2]	[2]	[2]	[2]	[2]	[2]	[2]	[2]	[2]	[2]	[2]	[2]	[2]	[2]
[3]	[3]	[3]	[3]	[3]	[3]	[3]	[3]	[3]	[3]	[3]	[3]	[3]	[3]	[3]	[3]	[3]
[4]	[4]	[4]	[4]	[4]	[4]	[4]	[4]	[4]	[4]	[4]	[4]	[4]	[4]	[4]	[4]	[4]
[5]	[5]	[5]	[5]	[5]	[5]	[5]	[5]	[5]	[5]	[5]	[5]	[5]	[5]	[5]	[5]	[5]
[6]	[6]	[6]	[6]	[6]	[6]	[6]	[6]	[6]	[6]	[6]	[6]	[6]	[6]	[6]	[6]	[6]
[7]	[7]	[7]	[7]	[7]	[7]	[7]	[7]	[7]	[7]	[7]	[7]	[7]	[7]	[7]	[7]	[7]
[8]	[8]	[8]	[8]	[8]	[8]	[8]	[8]	[8]	[8]	[8]	[8]	[8]	[8]	[8]	[8]	[8]
[9]	[9]	[9]	[9]	[9]	[9]	[9]	[9]	[9]	[9]	[9]	[9]	[9]	[9]	[9]	[9]	[9]

1	[A] [B] [C]	**7**	[A] [B] [C]	**13**	[A] [B] [C]	**19**	[A] [B] [C]	**25**	[A] [B] [C]	**31**	[A] [B] [C]	**37**	[A] [B] [C]	**43**	[A] [B] [C]	**49**	[A] [B] [C]
2	[A] [B] [C]	**8**	[A] [B] [C]	**14**	[A] [B] [C]	**20**	[A] [B] [C]	**26**	[A] [B] [C]	**32**	[A] [B] [C]	**38**	[A] [B] [C]	**44**	[A] [B] [C]	**50**	[A] [B] [C]
3	[A] [B] [C]	**9**	[A] [B] [C]	**15**	[A] [B] [C]	**21**	[A] [B] [C]	**27**	[A] [B] [C]	**33**	[A] [B] [C]	**39**	[A] [B] [C]	**45**	[A] [B] [C]	**51**	[A] [B] [C]
4	[A] [B] [C]	**10**	[A] [B] [C]	**16**	[A] [B] [C]	**22**	[A] [B] [C]	**28**	[A] [B] [C]	**34**	[A] [B] [C]	**40**	[A] [B] [C]	**46**	[A] [B] [C]	**52**	[A] [B] [C]
5	[A] [B] [C]	**11**	[A] [B] [C]	**17**	[A] [B] [C]	**23**	[A] [B] [C]	**29**	[A] [B] [C]	**35**	[A] [B] [C]	**41**	[A] [B] [C]	**47**	[A] [B] [C]	**53**	[A] [B] [C]
6	[A] [B] [C]	**12**	[A] [B] [C]	**18**	[A] [B] [C]	**24**	[A] [B] [C]	**30**	[A] [B] [C]	**36**	[A] [B] [C]	**42**	[A] [B] [C]	**48**	[A] [B] [C]	**54**	[A] [B] [C]

55	[A] [B] [C] [D] [E] [F] [G] [H] [I] [J] [K] [L] [M] [N] [O] [P] [Q] [R]
56	[A] [B] [C] [D] [E] [F] [G] [H] [I] [J] [K] [L] [M] [N] [O] [P] [Q] [R]
57	[A] [B] [C] [D] [E] [F] [G] [H] [I] [J] [K] [L] [M] [N] [O] [P] [Q] [R]
58	[A] [B] [C] [D] [E] [F] [G] [H] [I] [J] [K] [L] [M] [N] [O] [P] [Q] [R]
59	[A] [B] [C] [D] [E] [F] [G] [H] [I] [J] [K] [L] [M] [N] [O] [P] [Q] [R]
60	[A] [B] [C] [D] [E] [F] [G] [H] [I] [J] [K] [L] [M] [N] [O] [P] [Q] [R]
61	[A] [B] [C] [D] [E] [F] [G] [H] [I] [J] [K] [L] [M] [N] [O] [P] [Q] [R] [S] [T] [U] [V] [W] [X] [Y] [Z] [A] [B] [C] [D]
62	[A] [B] [C] [D] [E] [F] [G] [H] [I] [J] [K] [L] [M] [N] [O] [P] [Q] [R] [S] [T] [U] [V] [W] [X] [Y] [Z] [A] [B] [C] [D]
63	[A] [B] [C] [D] [E] [F] [G] [H] [I] [J] [K] [L] [M] [N] [O] [P] [Q] [R] [S] [T] [U] [V] [W] [X] [Y] [Z] [A] [B] [C] [D]
64	[A] [B] [C] [D] [E] [F] [G] [H] [I] [J] [K] [L] [M] [N] [O] [P] [Q] [R] [S] [T] [U] [V] [W] [X] [Y] [Z] [A] [B] [C] [D]
65	[A] [B] [C] [D] [E] [F] [G] [H] [I] [J] [K] [L] [M] [N] [O] [P] [Q] [R] [S] [T] [U] [V] [W] [X] [Y] [Z] [A] [B] [C] [D]
66	[A] [B] [C] [D] [E] [F] [G] [H] [I] [J] [K] [L] [M] [N] [O] [P] [Q] [R] [S] [T] [U] [V] [W] [X] [Y] [Z] [A] [B] [C] [D]
67	[A] [B] [C] [D] [E] [F] [G] [H] [I] [J] [K] [L] [M] [N] [O] [P] [Q] [R] [S] [T] [U] [V] [W] [X] [Y] [Z] [A] [B] [C] [D] [E] [F] [G] [H] [I] [J] [K] [L] [M] [N]
68	[A] [B] [C] [D] [E] [F] [G] [H] [I] [J] [K] [L] [M] [N] [O] [P] [Q] [R] [S] [T] [U] [V] [W] [X] [Y] [Z] [A] [B] [C] [D] [E] [F] [G] [H] [I] [J] [K] [L] [M] [N]
69	[A] [B] [C] [D] [E] [F] [G] [H] [I] [J] [K] [L] [M] [N] [O] [P] [Q] [R] [S] [T] [U] [V] [W] [X] [Y] [Z] [A] [B] [C] [D] [E] [F] [G] [H] [I] [J] [K] [L] [M] [N]
70	[A] [B] [C] [D] [E] [F] [G] [H] [I] [J] [K] [L] [M] [N] [O] [P] [Q] [R] [S] [T] [U] [V] [W] [X] [Y] [Z] [A] [B] [C] [D] [E] [F] [G] [H] [I] [J] [K] [L] [M] [N]
71	[A] [B] [C] [D] [E] [F] [G] [H] [I] [J] [K] [L] [M] [N] [O] [P] [Q] [R] [S] [T] [U] [V] [W] [X] [Y] [Z] [A] [B] [C] [D] [E] [F] [G] [H] [I] [J] [K] [L] [M] [N]
72	[A] [B] [C] [D] [E] [F] [G] [H] [I] [J] [K] [L] [M] [N] [O] [P] [Q] [R] [S] [T] [U] [V] [W] [X] [Y] [Z] [A] [B] [C] [D] [E] [F] [G] [H] [I] [J] [K] [L] [M] [N]

73	[A]	[B]	[C]	[D]	[E]	[F]	[G]	[H]	[I]	[J]	[K]	[L]	[M]	[N]	[O]	[P]	[Q]	[R]
74	[A]	[B]	[C]	[D]	[E]	[F]	[G]	[H]	[I]	[J]	[K]	[L]	[M]	[N]	[O]	[P]	[Q]	[R]
75	[A]	[B]	[C]	[D]	[E]	[F]	[G]	[H]	[I]	[J]	[K]	[L]	[M]	[N]	[O]	[P]	[Q]	[R]
76	[A]	[B]	[C]	[D]	[E]	[F]	[G]	[H]	[I]	[J]	[K]	[L]	[M]	[N]	[O]	[P]	[Q]	[R]
77	[A]	[B]	[C]	[D]	[E]	[F]	[G]	[H]	[I]	[J]	[K]	[L]	[M]	[N]	[O]	[P]	[Q]	[R]
78	[A]	[B]	[C]	[D]	[E]	[F]	[G]	[H]	[I]	[J]	[K]	[L]	[M]	[N]	[O]	[P]	[Q]	[R]
79	[A]	[B]	[C]	[D]	[E]	[F]	[G]	[H]	[I]	[J]	[K]	[L]	[M]	[N]	[O]	[P]	[Q]	[R]
80	[A]	[B]	[C]	[D]	[E]	[F]	[G]	[H]	[I]	[J]	[K]	[L]	[M]	[N]	[O]	[P]	[Q]	[R]
81	[A]	[B]	[C]	[D]	[E]	[F]	[G]	[H]	[I]	[J]	[K]	[L]	[M]	[N]	[O]	[P]	[Q]	[R]
82	[A]	[B]	[C]	[D]	[E]	[F]	[G]	[H]	[I]	[J]	[K]	[L]	[M]	[N]	[O]	[P]	[Q]	[R]
83	[A]	[B]	[C]	[D]	[E]	[F]	[G]	[H]	[I]	[J]	[K]	[L]	[M]	[N]	[O]	[P]	[Q]	[R]
84	[A]	[B]	[C]	[D]	[E]	[F]	[G]	[H]	[I]	[J]	[K]	[L]	[M]	[N]	[O]	[P]	[Q]	[R]

85	[A]	[B]	[C]	[D]	[E]	[F]	[G]	[H]	[I]	[J]	[K]	[L]	[M]	[N]	[O]	[P]	[Q]	[R]	[S]	[T]	[U]	[V]	[W]	[X]	[Y]	[Z]
86	[A]	[B]	[C]	[D]	[E]	[F]	[G]	[H]	[I]	[J]	[K]	[L]	[M]	[N]	[O]	[P]	[Q]	[R]	[S]	[T]	[U]	[V]	[W]	[X]	[Y]	[Z]
87	[A]	[B]	[C]	[D]	[E]	[F]	[G]	[H]	[I]	[J]	[K]	[L]	[M]	[N]	[O]	[P]	[Q]	[R]	[S]	[T]	[U]	[V]	[W]	[X]	[Y]	[Z]
88	[A]	[B]	[C]	[D]	[E]	[F]	[G]	[H]	[I]	[J]	[K]	[L]	[M]	[N]	[O]	[P]	[Q]	[R]	[S]	[T]	[U]	[V]	[W]	[X]	[Y]	[Z]
89	[A]	[B]	[C]	[D]	[E]	[F]	[G]	[H]	[I]	[J]	[K]	[L]	[M]	[N]	[O]	[P]	[Q]	[R]	[S]	[T]	[U]	[V]	[W]	[X]	[Y]	[Z]
90	[A]	[B]	[C]	[D]	[E]	[F]	[G]	[H]	[I]	[J]	[K]	[L]	[M]	[N]	[O]	[P]	[Q]	[R]	[S]	[T]	[U]	[V]	[W]	[X]	[Y]	[Z]

91	[A]	[B]	[C]	[D]	[E]	[F]	[G]	[H]	[I]	[J]	[K]	[L]	[M]	[N]	[O]	[P]	[Q]	[R]	[a]	[b]	[c]	[d]	[e]	[f]
92	[A]	[B]	[C]	[D]	[E]	[F]	[G]	[H]	[I]	[J]	[K]	[L]	[M]	[N]	[O]	[P]	[Q]	[R]	[a]	[b]	[c]	[d]	[e]	[f]
93	[A]	[B]	[C]	[D]	[E]	[F]	[G]	[H]	[I]	[J]	[K]	[L]	[M]	[N]	[O]	[P]	[Q]	[R]	[a]	[b]	[c]	[d]	[e]	[f]
94	[A]	[B]	[C]	[D]	[E]	[F]	[G]	[H]	[I]	[J]	[K]	[L]	[M]	[N]	[O]	[P]	[Q]	[R]	[a]	[b]	[c]	[d]	[e]	[f]
95	[A]	[B]	[C]	[D]	[E]	[F]	[G]	[H]	[I]	[J]	[K]	[L]	[M]	[N]	[O]	[P]	[Q]	[R]	[a]	[b]	[c]	[d]	[e]	[f]
96	[A]	[B]	[C]	[D]	[E]	[F]	[G]	[H]	[I]	[J]	[K]	[L]	[M]	[N]	[O]	[P]	[Q]	[R]	[a]	[b]	[c]	[d]	[e]	[f]
97	[A]	[B]	[C]	[D]	[E]	[F]	[G]	[H]	[I]	[J]	[K]	[L]	[M]	[N]	[O]	[P]	[Q]	[R]	[a]	[b]	[c]	[d]	[e]	[f]
98	[A]	[B]	[C]	[D]	[E]	[F]	[G]	[H]	[I]	[J]	[K]	[L]	[M]	[N]	[O]	[P]	[Q]	[R]	[a]	[b]	[c]	[d]	[e]	[f]
99	[A]	[B]	[C]	[D]	[E]	[F]	[G]	[H]	[I]	[J]	[K]	[L]	[M]	[N]	[O]	[P]	[Q]	[R]	[a]	[b]	[c]	[d]	[e]	[f]
100	[A]	[B]	[C]	[D]	[E]	[F]	[G]	[H]	[I]	[J]	[K]	[L]	[M]	[N]	[O]	[P]	[Q]	[R]	[a]	[b]	[c]	[d]	[e]	[f]
101	[A]	[B]	[C]	[D]	[E]	[F]	[G]	[H]	[I]	[J]	[K]	[L]	[M]	[N]	[O]	[P]	[Q]	[R]	[a]	[b]	[c]	[d]	[e]	[f]
102	[A]	[B]	[C]	[D]	[E]	[F]	[G]	[H]	[I]	[J]	[K]	[L]	[M]	[N]	[O]	[P]	[Q]	[R]	[a]	[b]	[c]	[d]	[e]	[f]
103	[A]	[B]	[C]	[D]	[E]	[F]	[G]	[H]	[I]	[J]	[K]	[L]	[M]	[N]	[O]	[P]	[Q]	[R]	[a]	[b]	[c]	[d]	[e]	[f]
104	[A]	[B]	[C]	[D]	[E]	[F]	[G]	[H]	[I]	[J]	[K]	[L]	[M]	[N]	[O]	[P]	[Q]	[R]	[a]	[b]	[c]	[d]	[e]	[f]
105	[A]	[B]	[C]	[D]	[E]	[F]	[G]	[H]	[I]	[J]	[K]	[L]	[M]	[N]	[O]	[P]	[Q]	[R]	[a]	[b]	[c]	[d]	[e]	[f]
106	[A]	[B]	[C]	[D]	[E]	[F]	[G]	[H]	[I]	[J]	[K]	[L]	[M]	[N]	[O]	[P]	[Q]	[R]	[a]	[b]	[c]	[d]	[e]	[f]
107	[A]	[B]	[C]	[D]	[E]	[F]	[G]	[H]	[I]	[J]	[K]	[L]	[M]	[N]	[O]	[P]	[Q]	[R]	[a]	[b]	[c]	[d]	[e]	[f]
108	[A]	[B]	[C]	[D]	[E]	[F]	[G]	[H]	[I]	[J]	[K]	[L]	[M]	[N]	[O]	[P]	[Q]	[R]	[a]	[b]	[c]	[d]	[e]	[f]

阅读·三级样卷答案

识字部分

一、	1.B	2.A	3.C	4.B	5.C	6.B
	7.A	8.B	9.B	10.A	11.C	12.B
	13.B	14.C	15.C	16.A	17.B	18.A
二、	19.B	20.B	21.A	22.C	23.A	24.C
	25.B	26.C	27.A	28.C	29.B	30.A
	31.B	32.A	33.C	34.A	35.C	36.B
三、	37.C	38.A	39.A	40.B	41.C	42.A
	43.B	44.C	45.C	46.A	47.A	48.B
	49.C	50.B	51.A	52.B	53.B	54.C

读文部分

四、	55.E	56.F	57.E	58.G	59.G	60.E
	61.CF	62.BP	63.HO	64.LP	65.FK	66.GO
	67.IQX	68.FNU	69.EJO	70.ESY	71.GNX	72.IRV
五、	73.D	74.E	75.H	76.I	77.C	78.D
	79.H	80.D	81.B	82.G	83.M	84.B
	85.G	86.D	87.L	88.F	89.N	90.H
六、	91.Gb	92.Aa	93.Ac	94.Cf	95.Id	96.Je
	97.Db	98.Hc	99.Be	100.Ad	101.Aa	102.Ef
	103.He	104.Ef	105.Ka	106.Ec	107.Nb	108.Id

华文水平测试

阅读·四级

（适用年龄：12 岁左右）

样　卷

暨南大学·华文考试院

中国·广州

注意事项

一、本试卷共 108 题，分两部分：

1. 识字（三大题，每大题 18 小题）

2. 读文（三大题，每大题 18 小题）

二、所有答案必须写在答题卡上，写在试卷上不得分

三、考试时间 65 分钟（含填涂答题卡）

第一部分　识字

一、认汉字，每题找出能跟方框中偏旁<u>成字</u>的一项，并在答题卡上涂黑。（第 1—18 题，共 18 题）

例： 日　　A. 上　　B. 月　　C. 卜

解析：“日”“月”可以合成“明”，其他选项不能跟“日”合成字，所以在答题卡上将 B 涂 ■。

1. 亻　　A. 甘　　B. 旦　　C. 母
2. 古　　A. 木　　B. 米　　C. 月
3. 口　　A. 非　　B. 鱼　　C. 替
4. 囗　　A. 冬　　B. 氐　　C. 尺
5. 木　　A. 夗　　B. 系　　C. 登
6. 穴　　A. 顷　　B. 囱　　C. 然
7. 贝　　A. 牙　　B. 斗　　C. 勾
8. 彐　　A. 火　　B. 韦　　C. 反
9. 扌　　A. 司　　B. 发　　C. 布
10. 疒　　A. 矢　　B. 立　　C. 乍
11. 虫　　A. 火　　B. 申　　C. 斗

12. 卩　　A. 各　　B. 交　　C. 殳

13. 忄　　A. 工　　B. 生　　C. 山

14. 氵　　A. 世　　B. 介　　C. 鸟

15. 宀　　A. 叔　　B. 本　　C. 习

16. 歹　　A. 胃　　B. 朱　　C. 受

17. 辶　　A. 夆　　B. 炎　　C. 监

18. 讠　　A. 累　　B. 赖　　C. 普

二、认汉字，每题找出<u>字音</u>个别的一项，并在答题卡上涂黑。（第19—36题，共18题）

例：A. 不　　B. 白　　C. 子

解析："不""白"声母一样，"子"跟"不""白"声母、韵母都不同，所以选"子"，在答题卡上将C涂■。

19. A. 田　　B. 另　　C. 吞

20. A. 功　　B. 泡　　C. 闹

21. A. 秘　　B. 啃　　C. 密

22. A. 备　　B. 绳　　C. 峰

23. A. 匹　　B. 共　　C. 宫

24. A. 欺　　B. 旅　　C. 签

25. A. 亏　　B. 科　　C. 扰

26.	A. 哨	B. 贴	C. 暴
27.	A. 昏	B. 团	C. 辉
28.	A. 肩	B. 幅	C. 浮
29.	A. 茫	B. 猛	C. 聚
30.	A. 锐	B. 醉	C. 途
31.	A. 膜	B. 章	C. 掌
32.	A. 肌	B. 柏	C. 绝
33.	A. 驱	B. 煤	C. 肺
34.	A. 婴	B. 凭	C. 赌
35.	A. 魄	B. 纠	C. 寞
36.	A. 逻	B. 痴	C. 缕

三、认汉字，每题找出字义个别的一项，并在答题卡上涂黑。（第37—54题，共18题）

例： A. 羊　　B. 牛　　C. 也

解析： “羊”“牛”都表示动物，“也”则完全不同，所以选“也”，在答题卡上将C涂■。

37.	A. 百	B. 步	C. 千
38.	A. 闭	B. 厂	C. 关
39.	A. 冻	B. 冷	C. 准

40.	A. 眉	B. 等	C. 同
41.	A. 煎	B. 燕	C. 煮
42.	A. 高	B. 眨	C. 矮
43.	A. 犬	B. 栽	C. 判
44.	A. 约	B. 贵	C. 珍
45.	A. 由	B. 因	C. 吊
46.	A. 控	B. 担	C. 扛
47.	A. 建	B. 竞	C. 筑
48.	A. 植	B. 栽	C. 格
49.	A. 土	B. 旧	C. 若
50.	A. 异	B. 妇	C. 奇
51.	A. 俯	B. 唯	C. 仅
52.	A. 宴	B. 坛	C. 盆
53.	A. 挨	B. 陶	C. 倚
54.	A. 稻	B. 漾	C. 麦

第二部分　读文

四、阅读文本，下面的试题分为三部分，请按照要求找出停顿项，并在答题卡上涂黑。（第55—72题，共18题）

（一）本部分每题中间停顿两次，找出停顿项，并在答题卡上涂黑。（第55—60题，共6题）

例： 我想出去玩可是我生病了只好在家里
A B C D E F G H I J K L M N O P

解析： 这句话应该这样停顿：**我想出去玩/可是我生病了/只好在家里**，所以在答题卡上将E和K涂■。

55. 影子可真有趣你走它也走你停它也停
A B C D E F G H I J K L M N O P

56. 爸和妈都在院子里妈妈抱着小妹爸爸在剪花草
A B C D E F G H I J K L M N O P Q R S T

57. 外婆送了我一只白狗看着它一天天长大我很快乐
A B C D E F G H I J K L M N O P Q R S T U

58. 放暑假了花花看妈妈每天工作很辛苦想帮她做些事情
A B C D E F G H I J K L M N O P Q R S T U V W

59. 苹果为什么会从树上掉下来为什么只向地面落却不向天上飞
A B C D E F G H I J K L M N O P Q R S T U V W X Y Z

60. 小鸡长出短短的翅膀来了我和妹妹不停地给它喂米害怕它的
A B C D E F G H I J K L M N O P Q R S T U V W X Y Z

营养跟不上
A B C D E

（二）本部分每题中间停顿三次，找出停顿项，并在答题卡上涂黑。（第61—66题，共6题）

例： 我想出去玩可是我生病了不能出门只好在家里
A B C D E F G H I J K L M N O P Q R S T

解析： 这句话应该这样停顿：**我想出去玩／可是我生病了／不能出门／只好在家里**，所以在答题卡上将E、K和O涂■。

61. 一闪一闪亮晶晶满天都是小星星挂在天上放光明好像许多小
A B C D E F G H I J K L M N O P Q R S T U V W X Y Z
眼睛
A B

62. 我最好的朋友和我吵架了课间休息时同学们玩儿得很开心我
A B C D E F G H I J K L M N O P Q R S T U V W X Y Z
却怎么都高兴不起来
A B C D E F G H I

63. 好不容易放了学该回家吃午饭了我加快了脚步抢在同学们前
A B C D E F G H I J K L M N O P Q R S T U V W X Y Z
面出了校门
A B C D E

64. 天气暖和多了棉衣早就脱了下来早晚就在外边穿一件薄薄的
A B C D E F G H I J K L M N O P Q R S T U V W X Y Z
棉背心又轻又软
A B C D E F G

65. 飞机正好在傍晚时分降落透过飞机狭窄的窗户我看到了日落
A B C D E F G H I J K L M N O P Q R S T U V W X Y Z
这种感觉很奇妙
A B C D E F G

66. 只要我们用心去爱所有的孩子都是可爱的我们要用真情创造
A B C D E F G H I J K L M N O P Q R S T U V W X Y Z
积极向上的环境激发学生的潜能
A B C D E F G H I J K L M N

（三）本部分每题中间停顿四次，找出停顿项，并在答题卡上涂黑。（第 67—72 题，共 6 题）

例： 我想出去玩可是我生病了不能出门只好在家里太无聊了
A B C D E F G H I J K L M N O P Q R S T U V W X

解析： 这句话应该这样停顿：**我想出去玩 / 可是我生病了 / 不能出门 / 只好在家里 / 太无聊了**，所以在答题卡上将 E、K、O 和 T 涂■。

67. 生命只有一次我们一定要珍惜请从自身做起严格遵守交通法
A B C D E F G H I J K L M N O P Q R S T U V W X Y Z
规确保安全出行
A B C D E F G

68. 做什么事都要讲究技巧不能只有耐心还要有速度只有这样才
A B C D E F G H I J K L M N O P Q R S T U V W X Y Z
能出色地完成工作
A B C D E F G H

69. 虽然是细小的螺丝钉如果缺了它那整个机器就难以运转即便
A B C D E F G H I J K L M N O P Q R S T U V W X Y Z
是没有拧紧也会使机器的运转发生故障
A B C D E F G H I J K L M N O P Q

70. 姥爷让我站在旁边他一边寻找蚂蚱的踪迹一边给我讲捉蚂蚱
A B C D E F G H I J K L M N O P Q R S T U V W X Y Z
的要领只一会儿工夫就有三只蚂蚱先后被捉
A B C D E F G H I J K L M N O P Q R S

71. 我现在还在想着夏令营的事想着想着不禁有些害怕起来仿佛
A B C D E F G H I J K L M N O P Q R S T U V W X Y Z
要去进行一次大探险似的心里扑通扑通地跳个不停
A B C D E F G H I J K L M N O P Q R S T U V

72. 每次到同事家去总看到她忙忙碌碌但她总是喜笑颜开从来不
A B C D E F G H I J K L M N O P Q R S T U V W X Y Z
曾看到她愁眉苦脸过她们家是一个非常愉快美满的家庭
A B C D E F G H I J K L M N O P Q R S T U V W X

五、阅读文本，每题找出一个别字，并在答题卡上涂黑。（第73—90题，共18题）

例： 爸爸要买一两新车。
A B C D E F G H

解析：“两”处的正确用字是“辆”，所以在答题卡上将F涂■。

73. 我卖给你的菜真的没有拦！
A B C D E F G H I J K

74. 下午四点中，这家商店就关门了。
A B C D E F G H I J K L M N

75. 叔叔坐在河边掉到了好几条大鱼。
A B C D E F G H I J K L M N

76. 他常和爷爷一起下其，总输给爷爷。
A B C D E F G H I J K L M N O

77. 我们下了车，排好队，吵着大门走去。
A B C D E F G H I J K L M N O P

78. 晚饭后，她跑了一杯茶，静静地看起书来。
A B C D E F G H I J K L M N O P Q R

79. 听到这话他心里比吃了密还甜。
A B C D E F G H I J K L M

80. 经过努力我终于等上了山顶。
A B C D E F G H I J K L

81. 她见我来了，脸上立即漏出了笑容。
A B C D E F G H I J K L M N O

82. 弟弟止着风筝线，在草地上尽情地跑着。
A B C D E F G H I J K L M N O P Q

83. 这台电视机休不好了，还是买台新的吧。
A B C D E F G H I J K L M N O P Q

84. 终于放假了，我要珍这个假期好好休息一下。
A B C D E F G H I J K L M N O P Q R S

85. 绿宝石般的大森林就这样被一场大火给悔了。
A B C D E F G H I J K L M N O P Q R S

86. 我不远去面对，也不想再次经历这样的事了。
A B C D E F G H I J K L M N O P Q R S

87. 南海图书馆是一撞三层的建筑物，外观十分有趣。
A B C D E F G H I J K L M N O P Q R S T U

88. 老人头顶微秀，脸上泛着红光，看起来十分和蔼。
A B C D E F G H I J K L M N O P Q R S T U

89. 她采了一大篮桂花，在月光下支起小锅，傲起粥来。
A B C D E F G H I J K L M N O P Q R S T U V

90. 我偶尔想在她身边懒着不走，她却像赶苍蝇一样赶我。
A B C D E F G H I J K L M N O P Q R S T U V W

六、阅读文本，每题有一个缺字，请找出空缺前字和缺字，并在答题卡上涂黑。（第91—108题，共18题）

例： a. 问　b. 懒　c. 他　d. 水　e. 也　f. 送

我可以你一个问题吗？
A B C D E F G H I

解析：这句话应该是“**我可以问你一个问题吗？**”，空缺处在“以”的后面，缺字为“问”，所以在答题卡上将C和a涂■。

a. 夜　　b. 你　　c. 心　　d. 注　　e. 晚　　f. 色

91. 冬天的晚好冷啊！
A B C D E F G

92. 你慢点跑，要意安全。
A B C D E F G H I

93. 水没有颜，是透明的。
A B C D E F G H I

94. 你的主意太棒了！就听的！
A B C D E F G H I J K

95. 现在已经上十一点了，该睡觉了。
A B C D E F G H I J K L M N

96. 遇到这么多好朋友，小猪真开啊。
A B C D E F G H I J K L M N

a. 似　　b. 谎　　c. 喘　　d. 家　　e. 清　　f. 怕

97. 多年后回到乡，一切都变了。
A B C D E F G H I J K L

98. 宝宝剪指甲时，感到害很正常。
A B C D E F G H I J K L M

99. 那个人满嘴言，大家不要相信他！
A B C D E F G H I J K L M N

100. 我还是不敢相信，这一切跟做梦的。
A B C D E F G H I J K L M N O

101. 他呆立在那里，连大气都不敢一下。
A B C D E F G H I J K L M N O

102. 池塘的水真啊，都能看见底下的小石头。
A B C D E F G H I J K L M N O P Q

a. 受　　b. 忙　　c. 足　　d. 买　　e. 依　　f. 暖

103. 他先后过两次比较严重的伤。
A B C D E F G H I J K L

104. 鲜艳的颜色会提高我们的购欲。
A B C D E F G H I J K L M

105. 他虽然年纪小，但表演经验却挺。
A B C D E F G H I J K L M N

106. 即使将来工作再，我也会回去陪爷爷的。
A B C D E F G H I J K L M N O P Q

107. 到了冬天，候鸟就会迁到温的南方生活。
A B C D E F G H I J K L M N O P Q

108. 如今她七十多岁了，但然保持着青春的活力。
A B C D E F G H I J K L M N O P Q R S

华文水平测试答题卡

阅读 · 四级

姓名	

填涂要求	1. 请用 2B 铅笔填涂。 2. 正确填涂：■ 3. 修改时请用橡皮擦干净。 4. 请勿折叠、弄脏或弄破。

准考证号填涂区																
[0]	[0]	[0]	[0]	[0]	[0]	[0]	[0]	[0]	[0]	[0]	[0]	[0]	[0]	[0]	[0]	[0]
[1]	[1]	[1]	[1]	[1]	[1]	[1]	[1]	[1]	[1]	[1]	[1]	[1]	[1]	[1]	[1]	[1]
[2]	[2]	[2]	[2]	[2]	[2]	[2]	[2]	[2]	[2]	[2]	[2]	[2]	[2]	[2]	[2]	[2]
[3]	[3]	[3]	[3]	[3]	[3]	[3]	[3]	[3]	[3]	[3]	[3]	[3]	[3]	[3]	[3]	[3]
[4]	[4]	[4]	[4]	[4]	[4]	[4]	[4]	[4]	[4]	[4]	[4]	[4]	[4]	[4]	[4]	[4]
[5]	[5]	[5]	[5]	[5]	[5]	[5]	[5]	[5]	[5]	[5]	[5]	[5]	[5]	[5]	[5]	[5]
[6]	[6]	[6]	[6]	[6]	[6]	[6]	[6]	[6]	[6]	[6]	[6]	[6]	[6]	[6]	[6]	[6]
[7]	[7]	[7]	[7]	[7]	[7]	[7]	[7]	[7]	[7]	[7]	[7]	[7]	[7]	[7]	[7]	[7]
[8]	[8]	[8]	[8]	[8]	[8]	[8]	[8]	[8]	[8]	[8]	[8]	[8]	[8]	[8]	[8]	[8]
[9]	[9]	[9]	[9]	[9]	[9]	[9]	[9]	[9]	[9]	[9]	[9]	[9]	[9]	[9]	[9]	[9]

1	[A] [B] [C]	**7**	[A] [B] [C]	**13**	[A] [B] [C]	**19**	[A] [B] [C]	**25**	[A] [B] [C]	**31**	[A] [B] [C]	**37**	[A] [B] [C]	**43**	[A] [B] [C]	**49**	[A] [B] [C]
2	[A] [B] [C]	**8**	[A] [B] [C]	**14**	[A] [B] [C]	**20**	[A] [B] [C]	**26**	[A] [B] [C]	**32**	[A] [B] [C]	**38**	[A] [B] [C]	**44**	[A] [B] [C]	**50**	[A] [B] [C]
3	[A] [B] [C]	**9**	[A] [B] [C]	**15**	[A] [B] [C]	**21**	[A] [B] [C]	**27**	[A] [B] [C]	**33**	[A] [B] [C]	**39**	[A] [B] [C]	**45**	[A] [B] [C]	**51**	[A] [B] [C]
4	[A] [B] [C]	**10**	[A] [B] [C]	**16**	[A] [B] [C]	**22**	[A] [B] [C]	**28**	[A] [B] [C]	**34**	[A] [B] [C]	**40**	[A] [B] [C]	**46**	[A] [B] [C]	**52**	[A] [B] [C]
5	[A] [B] [C]	**11**	[A] [B] [C]	**17**	[A] [B] [C]	**23**	[A] [B] [C]	**29**	[A] [B] [C]	**35**	[A] [B] [C]	**41**	[A] [B] [C]	**47**	[A] [B] [C]	**53**	[A] [B] [C]
6	[A] [B] [C]	**12**	[A] [B] [C]	**18**	[A] [B] [C]	**24**	[A] [B] [C]	**30**	[A] [B] [C]	**36**	[A] [B] [C]	**42**	[A] [B] [C]	**48**	[A] [B] [C]	**54**	[A] [B] [C]

55	[A] [B] [C] [D] [E] [F] [G] [H] [I] [J] [K] [L] [M] [N] [O] [P] [Q] [R] [S] [T] [U] [V] [W] [X] [Y] [Z] [A] [B] [C] [D] [E]
56	[A] [B] [C] [D] [E] [F] [G] [H] [I] [J] [K] [L] [M] [N] [O] [P] [Q] [R] [S] [T] [U] [V] [W] [X] [Y] [Z] [A] [B] [C] [D] [E]
57	[A] [B] [C] [D] [E] [F] [G] [H] [I] [J] [K] [L] [M] [N] [O] [P] [Q] [R] [S] [T] [U] [V] [W] [X] [Y] [Z] [A] [B] [C] [D] [E]
58	[A] [B] [C] [D] [E] [F] [G] [H] [I] [J] [K] [L] [M] [N] [O] [P] [Q] [R] [S] [T] [U] [V] [W] [X] [Y] [Z] [A] [B] [C] [D] [E]
59	[A] [B] [C] [D] [E] [F] [G] [H] [I] [J] [K] [L] [M] [N] [O] [P] [Q] [R] [S] [T] [U] [V] [W] [X] [Y] [Z] [A] [B] [C] [D] [E]
60	[A] [B] [C] [D] [E] [F] [G] [H] [I] [J] [K] [L] [M] [N] [O] [P] [Q] [R] [S] [T] [U] [V] [W] [X] [Y] [Z] [A] [B] [C] [D] [E]
61	[A] [B] [C] [D] [E] [F] [G] [H] [I] [J] [K] [L] [M] [N] [O] [P] [Q] [R] [S] [T] [U] [V] [W] [X] [Y] [Z] [A] [B] [C] [D] [E] [F] [G] [H] [I] [J] [K] [L] [M] [N]
62	[A] [B] [C] [D] [E] [F] [G] [H] [I] [J] [K] [L] [M] [N] [O] [P] [Q] [R] [S] [T] [U] [V] [W] [X] [Y] [Z] [A] [B] [C] [D] [E] [F] [G] [H] [I] [J] [K] [L] [M] [N]
63	[A] [B] [C] [D] [E] [F] [G] [H] [I] [J] [K] [L] [M] [N] [O] [P] [Q] [R] [S] [T] [U] [V] [W] [X] [Y] [Z] [A] [B] [C] [D] [E] [F] [G] [H] [I] [J] [K] [L] [M] [N]
64	[A] [B] [C] [D] [E] [F] [G] [H] [I] [J] [K] [L] [M] [N] [O] [P] [Q] [R] [S] [T] [U] [V] [W] [X] [Y] [Z] [A] [B] [C] [D] [E] [F] [G] [H] [I] [J] [K] [L] [M] [N]
65	[A] [B] [C] [D] [E] [F] [G] [H] [I] [J] [K] [L] [M] [N] [O] [P] [Q] [R] [S] [T] [U] [V] [W] [X] [Y] [Z] [A] [B] [C] [D] [E] [F] [G] [H] [I] [J] [K] [L] [M] [N]
66	[A] [B] [C] [D] [E] [F] [G] [H] [I] [J] [K] [L] [M] [N] [O] [P] [Q] [R] [S] [T] [U] [V] [W] [X] [Y] [Z] [A] [B] [C] [D] [E] [F] [G] [H] [I] [J] [K] [L] [M] [N]
67	[A] [B] [C] [D] [E] [F] [G] [H] [I] [J] [K] [L] [M] [N] [O] [P] [Q] [R] [S] [T] [U] [V] [W] [X] [Y] [Z] [A] [B] [C] [D] [E] [F] [G] [H] [I] [J] [K] [L] [M] [N] [O] [P] [Q] [R] [S] [T] [U] [V] [W] [X] [Y] [Z]
68	[A] [B] [C] [D] [E] [F] [G] [H] [I] [J] [K] [L] [M] [N] [O] [P] [Q] [R] [S] [T] [U] [V] [W] [X] [Y] [Z] [A] [B] [C] [D] [E] [F] [G] [H] [I] [J] [K] [L] [M] [N] [O] [P] [Q] [R] [S] [T] [U] [V] [W] [X] [Y] [Z]
69	[A] [B] [C] [D] [E] [F] [G] [H] [I] [J] [K] [L] [M] [N] [O] [P] [Q] [R] [S] [T] [U] [V] [W] [X] [Y] [Z] [A] [B] [C] [D] [E] [F] [G] [H] [I] [J] [K] [L] [M] [N] [O] [P] [Q] [R] [S] [T] [U] [V] [W] [X] [Y] [Z]
70	[A] [B] [C] [D] [E] [F] [G] [H] [I] [J] [K] [L] [M] [N] [O] [P] [Q] [R] [S] [T] [U] [V] [W] [X] [Y] [Z] [A] [B] [C] [D] [E] [F] [G] [H] [I] [J] [K] [L] [M] [N] [O] [P] [Q] [R] [S] [T] [U] [V] [W] [X] [Y] [Z]

71	[A] [B] [C] [D] [E] [F] [G] [H] [I] [J] [K] [L] [M] [N] [O] [P] [Q] [R] [S] [T] [U] [V] [W] [X] [Y] [Z] [A] [B] [C] [D] [E] [F] [G] [H] [I] [J] [K] [L] [M] [N] [O] [P] [Q] [R] [S] [T] [U] [V] [W] [X] [Y] [Z]
72	[A] [B] [C] [D] [E] [F] [G] [H] [I] [J] [K] [L] [M] [N] [O] [P] [Q] [R] [S] [T] [U] [V] [W] [X] [Y] [Z] [A] [B] [C] [D] [E] [F] [G] [H] [I] [J] [K] [L] [M] [N] [O] [P] [Q] [R] [S] [T] [U] [V] [W] [X] [Y] [Z]

73	[A] [B] [C] [D] [E] [F] [G] [H] [I] [J] [K] [L] [M] [N] [O] [P] [Q] [R]
74	[A] [B] [C] [D] [E] [F] [G] [H] [I] [J] [K] [L] [M] [N] [O] [P] [Q] [R]
75	[A] [B] [C] [D] [E] [F] [G] [H] [I] [J] [K] [L] [M] [N] [O] [P] [Q] [R]
76	[A] [B] [C] [D] [E] [F] [G] [H] [I] [J] [K] [L] [M] [N] [O] [P] [Q] [R]
77	[A] [B] [C] [D] [E] [F] [G] [H] [I] [J] [K] [L] [M] [N] [O] [P] [Q] [R]
78	[A] [B] [C] [D] [E] [F] [G] [H] [I] [J] [K] [L] [M] [N] [O] [P] [Q] [R]
79	[A] [B] [C] [D] [E] [F] [G] [H] [I] [J] [K] [L] [M] [N] [O] [P] [Q] [R] [S] [T] [U] [V] [W] [X] [Y] [Z]
80	[A] [B] [C] [D] [E] [F] [G] [H] [I] [J] [K] [L] [M] [N] [O] [P] [Q] [R] [S] [T] [U] [V] [W] [X] [Y] [Z]
81	[A] [B] [C] [D] [E] [F] [G] [H] [I] [J] [K] [L] [M] [N] [O] [P] [Q] [R] [S] [T] [U] [V] [W] [X] [Y] [Z]
82	[A] [B] [C] [D] [E] [F] [G] [H] [I] [J] [K] [L] [M] [N] [O] [P] [Q] [R] [S] [T] [U] [V] [W] [X] [Y] [Z]
83	[A] [B] [C] [D] [E] [F] [G] [H] [I] [J] [K] [L] [M] [N] [O] [P] [Q] [R] [S] [T] [U] [V] [W] [X] [Y] [Z]
84	[A] [B] [C] [D] [E] [F] [G] [H] [I] [J] [K] [L] [M] [N] [O] [P] [Q] [R] [S] [T] [U] [V] [W] [X] [Y] [Z]
85	[A] [B] [C] [D] [E] [F] [G] [H] [I] [J] [K] [L] [M] [N] [O] [P] [Q] [R] [S] [T] [U] [V] [W] [X] [Y] [Z]
86	[A] [B] [C] [D] [E] [F] [G] [H] [I] [J] [K] [L] [M] [N] [O] [P] [Q] [R] [S] [T] [U] [V] [W] [X] [Y] [Z]
87	[A] [B] [C] [D] [E] [F] [G] [H] [I] [J] [K] [L] [M] [N] [O] [P] [Q] [R] [S] [T] [U] [V] [W] [X] [Y] [Z]
88	[A] [B] [C] [D] [E] [F] [G] [H] [I] [J] [K] [L] [M] [N] [O] [P] [Q] [R] [S] [T] [U] [V] [W] [X] [Y] [Z]
89	[A] [B] [C] [D] [E] [F] [G] [H] [I] [J] [K] [L] [M] [N] [O] [P] [Q] [R] [S] [T] [U] [V] [W] [X] [Y] [Z]
90	[A] [B] [C] [D] [E] [F] [G] [H] [I] [J] [K] [L] [M] [N] [O] [P] [Q] [R] [S] [T] [U] [V] [W] [X] [Y] [Z]

91	[A] [B] [C] [D] [E] [F] [G] [H] [I] [J] [K] [L] [M] [N] [O] [P] [Q] [R]	[a] [b] [c] [d] [e] [f]
92	[A] [B] [C] [D] [E] [F] [G] [H] [I] [J] [K] [L] [M] [N] [O] [P] [Q] [R]	[a] [b] [c] [d] [e] [f]
93	[A] [B] [C] [D] [E] [F] [G] [H] [I] [J] [K] [L] [M] [N] [O] [P] [Q] [R]	[a] [b] [c] [d] [e] [f]
94	[A] [B] [C] [D] [E] [F] [G] [H] [I] [J] [K] [L] [M] [N] [O] [P] [Q] [R]	[a] [b] [c] [d] [e] [f]
95	[A] [B] [C] [D] [E] [F] [G] [H] [I] [J] [K] [L] [M] [N] [O] [P] [Q] [R]	[a] [b] [c] [d] [e] [f]
96	[A] [B] [C] [D] [E] [F] [G] [H] [I] [J] [K] [L] [M] [N] [O] [P] [Q] [R]	[a] [b] [c] [d] [e] [f]
97	[A] [B] [C] [D] [E] [F] [G] [H] [I] [J] [K] [L] [M] [N] [O] [P] [Q] [R]	[a] [b] [c] [d] [e] [f]
98	[A] [B] [C] [D] [E] [F] [G] [H] [I] [J] [K] [L] [M] [N] [O] [P] [Q] [R]	[a] [b] [c] [d] [e] [f]
99	[A] [B] [C] [D] [E] [F] [G] [H] [I] [J] [K] [L] [M] [N] [O] [P] [Q] [R]	[a] [b] [c] [d] [e] [f]
100	[A] [B] [C] [D] [E] [F] [G] [H] [I] [J] [K] [L] [M] [N] [O] [P] [Q] [R]	[a] [b] [c] [d] [e] [f]
101	[A] [B] [C] [D] [E] [F] [G] [H] [I] [J] [K] [L] [M] [N] [O] [P] [Q] [R]	[a] [b] [c] [d] [e] [f]
102	[A] [B] [C] [D] [E] [F] [G] [H] [I] [J] [K] [L] [M] [N] [O] [P] [Q] [R]	[a] [b] [c] [d] [e] [f]
103	[A] [B] [C] [D] [E] [F] [G] [H] [I] [J] [K] [L] [M] [N] [O] [P] [Q] [R] [S] [T] [U] [V] [W] [X] [Y] [Z]	[a] [b] [c] [d] [e] [f]
104	[A] [B] [C] [D] [E] [F] [G] [H] [I] [J] [K] [L] [M] [N] [O] [P] [Q] [R] [S] [T] [U] [V] [W] [X] [Y] [Z]	[a] [b] [c] [d] [e] [f]
105	[A] [B] [C] [D] [E] [F] [G] [H] [I] [J] [K] [L] [M] [N] [O] [P] [Q] [R] [S] [T] [U] [V] [W] [X] [Y] [Z]	[a] [b] [c] [d] [e] [f]
106	[A] [B] [C] [D] [E] [F] [G] [H] [I] [J] [K] [L] [M] [N] [O] [P] [Q] [R] [S] [T] [U] [V] [W] [X] [Y] [Z]	[a] [b] [c] [d] [e] [f]
107	[A] [B] [C] [D] [E] [F] [G] [H] [I] [J] [K] [L] [M] [N] [O] [P] [Q] [R] [S] [T] [U] [V] [W] [X] [Y] [Z]	[a] [b] [c] [d] [e] [f]
108	[A] [B] [C] [D] [E] [F] [G] [H] [I] [J] [K] [L] [M] [N] [O] [P] [Q] [R] [S] [T] [U] [V] [W] [X] [Y] [Z]	[a] [b] [c] [d] [e] [f]

阅读·四级样卷答案

识字部分

一、	1.B	2.C	3.A	4.A	5.C	6.B
	7.C	8.A	9.B	10.A	11.C	12.B
	13.B	14.A	15.A	16.B	17.A	18.C
二、	19.B	20.A	21.B	22.A	23.A	24.B
	25.C	26.B	27.B	28.A	29.C	30.C
	31.A	32.B	33.A	34.C	35.B	36.B
三、	37.B	38.B	39.C	40.A	41.B	42.B
	43.A	44.A	45.C	46.A	47.B	48.C
	49.C	50.B	51.A	52.A	53.B	54.B

读文部分

四、	55.FK	56.HN	57.IQ	58.DP	59.LT	60.KV
	61.GNU	62.KPY	63.GNT	64.FNC	65.KTZ	66.HRG
	67.FMSA	68.JPUY	69.INXE	70.HRCI	71.LPXK	72.GOWI
五、	73.K	74.E	75.G	76.I	77.K	78.F
	79.K	80.H	81.K	82.C	83.F	84.I
	85.R	86.C	87.H	88.F	89.S	90.I
六、	91.Ca	92.Fd	93.Df	94.Jb	95.De	96.Mc
	97.Ed	98.Jf	99.Eb	100.Na	101.Mc	102.Ee
	103.Ca	104.Ld	105.Nc	106.Gb	107.Lf	108.Je

华文水平测试

阅读·五级

（适用年龄：15 岁左右）

样　卷

暨南大学•华文考试院

中国•广州

注意事项

一、本试卷共 126 题，分两部分：

1. 识字（三大题，每大题 18 小题）

2. 读文（四大题，每大题 18 小题）

二、所有答案必须写在答题卡上，写在试卷上不得分

三、考试时间 80 分钟（含填涂答题卡）

第一部分　识字

一、认汉字，每题找出字音个别的一项，并在答题卡上涂黑。（第1—18题，共18题）

例： A. 不　　B. 白　　C. 子

解析： "不""白"声母一样，"子"跟"不""白"声母、韵母都不同，所以选"子"，在答题卡上将C涂■。

1. A. 恐　B. 桃　C. 胞
2. A. 份　B. 奋　C. 柳
3. A. 编　B. 融　C. 补
4. A. 规　B. 设　C. 者
5. A. 式　B. 饰　C. 茫
6. A. 虑　B. 羞　C. 览
7. A. 樱　B. 若　C. 括
8. A. 矛　B. 斥　C. 闯
9. A. 牲　B. 赠　C. 财
10. A. 舰　B. 键　C. 晰
11. A. 侵　B. 亩　C. 窃
12. A. 缕　B. 威　C. 违
13. A. 纳　B. 讥　C. 乏　D. 坝
14. A. 怡　B. 溃　C. 旷　D. 垮

15.	A. 辜	B. 阁	C. 懈	D. 裹
16.	A. 喧	B. 炫	C. 绚	D. 萎
17.	A. 宏	B. 蔑	C. 巩	D. 综
18.	A. 辰	B. 淤	C. 誉	D. 御

二、认汉字，每题找出字义个别的一项，并在答题卡上涂黑。（第19—36题，共18题）

> **例**：A. 羊　　B. 牛　　C. 也
>
> **解析**：“羊”“牛”都表示动物，“也”则完全不同，所以选“也”，在答题卡上将C涂■。

19.	A. 称	B. 号	C. 杂
20.	A. 拿	B. 众	C. 取
21.	A. 枪	B. 顽	C. 炮
22.	A. 躺	B. 庭	C. 卧
23.	A. 露	B. 霜	C. 需
24.	A. 燕	B. 冠	C. 鹰
25.	A. 叨	B. 郎	C. 君
26.	A. 均	B. 俱	C. 污
27.	A. 盗	B. 涌	C. 匪
28.	A. 源	B. 凑	C. 聚
29.	A. 拦	B. 毯	C. 截
30.	A. 判	B. 辨	C. 幢

31. A. 劈 B. 幽 C. 斩 D. 伐

32. A. 侦 B. 查 C. 察 D. 亦

33. A. 巷 B. 充 C. 冒 D. 项

34. A. 招 B. 惹 C. 秧 D. 逗

35. A. 辞 B. 瑰 C. 撤 D. 裁

36. A. 夜 B. 暮 C. 陵 D. 夕

三、认汉字，每题找出有别字的一项，并在答题卡上涂黑。（第37—54题，共18题）

例： A. 烦脑　B. 伯父　C. 反应　D. 尽力

解析："烦脑"的正确写法是"烦恼"，所以在答题卡上将A涂■。

37. A. 成长 B. 议论 C. 台阶 D. 状观

38. A. 饥会 B. 郊外 C. 永远 D. 高大

39. A. 机票 B. 疲劳 C. 链续 D. 招待

40. A. 泡沫 B. 伸奇 C. 背后 D. 大厦

41. A. 家具 B. 建造 C. 承客 D. 调料

42. A. 折磨 B. 精彩 C. 感谢 D. 免费

43. A. 苍白 B. 平均 C. 迷人 D. 彩访

44. A. 扑实 B. 借口 C. 环节 D. 担任

45. A. 博士 B. 肠所 C. 反悔 D. 固体

46.	A. 无聊	B. 货物	C. 阻蓝	D. 处理
47.	A. 凌晨	B. 惊孔	C. 座椅	D. 昏暗
48.	A. 景观	B. 沉着	C. 等特	D. 轨道
49.	A. 节检	B. 纯正	C. 引进	D. 协议
50.	A. 乐观	B. 美化	C. 延迟	D. 代阶
51.	A. 容纳	B. 选购	C. 急促	D. 心谎
52.	A. 修市	B. 厚实	C. 诺言	D. 便利
53.	A. 旋律	B. 穿着	C. 探穷	D. 断绝
54.	A. 报道	B. 试深	C. 焦虑	D. 愉悦

第二部分　读文

四、阅读文本，下面的试题分为三部分，请按照要求找出停顿项，并在答题卡上涂黑。（第 55—72 题，共 18 题）

（一）本部分每题中间停顿三次，找出停顿项，并在答题卡上涂黑。（第 55—60 题，共 6 题）

例： 我想出去玩可是我生病了不能出门只好在家里
A B C D E F G H I J K L M N O P Q R S T

解析： 这句话应该这样停顿：**我想出去玩 / 可是我生病了 / 不能出门 / 只好在家里，** 所以在答题卡上将 E、K 和 O 涂■。

55. 这几盆花真美美得使人感动我恋恋不舍地坐在花前不忍离开
A B C D E F G H I J K L M N O P Q R S T U V W X Y Z

56. 已经用掉两个日记本了我这学期要更加努力坚持记日记不断
A B C D E F G H I J K L M N O P Q R S T U V W X Y Z
提高自己的写作水平
A B C D E F G H I

57. 我躺在医院的病床上心里十分着急因为和朋友约好午饭后见
A B C D E F G H I J K L M N O P Q R S T U V W X Y Z
面不清楚他们来了没有
A B C D E F G H I J

58. 外公是那么喜欢花回家后的第一件事就是浇花他拿起灌满了
A B C D E F G H I J K L M N O P Q R S T U V W X Y Z
水的喷水壶笑呵呵地向后院走去
A B C D E F G H I J K L M N

59. 桌子上摆好了早餐屋里都是咖啡和火腿的香味湿湿的泥土味
A B C D E F G H I J K L M N O P Q R S T U V W X Y Z
还有从炉子里飘出来的烟味
A B C D E F G H I J K L

60. 快到苹果树开花的时候了天气正在变暖爷爷在树下为小猪圈
A B C D E F G H I J K L M N O P Q R S T U V W X Y Z
出一座小院子还在里面搭了房子
A B C D E F G H I J K L M N

（二）本部分每题中间停顿<u>四次</u>，找出停顿项，并在答题卡上涂黑。（第 61—66 题，共 6 题）

例：我想出去玩可是我生病了不能出门只好在家里太无聊了
A B C D E F G H I J K L M N O P Q R S T U V W X

解析：这句话应该这样停顿：**我想出去玩** / **可是我生病了** / **不能出门** / **只好在家里** / **太无聊了**，所以在答题卡上将 E、K、O 和 T 涂■。

61. 在我看来汉字是那么美每个汉字就像一个精美的艺术品或是
A B C D E F G H I J K L M N O P Q R S T U V W X Y Z
一个可爱的精灵让人爱不释手
A B C D E F G H I J K L M

62. 院子的水涨高了漫过了较低的台阶雨溅到屋里来溅到我们的
A B C D E F G H I J K L M N O P Q R S T U V W X Y Z
裤脚上来我和弟弟被这场大雨惊呆了
A B C D E F G H I J K L M N O P

63. 举行毕业典礼那天很多父母都来了坐在家长席上毕业的同学
A B C D E F G H I J K L M N O P Q R S T U V W X Y Z
坐在最前面我们这些低年级的则坐在最后
A B C D E F G H I J K L M N O P Q R

64. 幸福就是这样简单口渴了喝杯茶水润润喉无聊时与朋友聊聊
A B C D E F G H I J K L M N O P Q R S T U V W X Y Z
天饥饿时买个面包填填肚难过时在公园散散步
A B C D E F G H I J K L M N O P Q R S T

65. 我特别喜欢月光下的夹竹桃站在它下面花朵是一团模糊但是
A B C D E F G H I J K L M N O P Q R S T U V W X Y Z
香气却一点都不差浓浓烈烈地从花枝上袭了下来
A B C D E F G H I J K L M N O P Q R S T U

66. 青岛的节气晚所以樱花一般是在四月下半个月才能盛开樱花
A B C D E F G H I J K L M N O P Q R S T U V W X Y Z

一开风雾也挡不住草木的生长了海棠和杜鹃都争着开放
A B C D E F G H I J K L M N O P Q R S T U V W X

（三）本部分每题中间停顿五次，找出停顿项，并在答题卡上涂黑。（第67—72题，共6题）

例： 我想出去玩可是我生病了不能出门只好在家里为了不
A B C D E F G H I J K L M N O P Q R S T U V W

那么无聊我学起了下象棋
X Y Z A B C D E F G H

解析： 这句话应该这样停顿：**我想出去玩／可是我生病了／不能出门／只好在家里／为了不那么无聊／我学起了下象棋**，所以在答题卡上将E、K、O、T和A涂■。

67. 野牛们肩并肩一起舞动着头上的锐角准备迎击对面的狮子进
A B C D E F G H I J K L M N O P Q R S T U V W X Y Z

攻的狮子则被牛角挑得头破血流狼狈不堪只得夹起尾巴逃窜
A B C D E F G H I J K L M N O P Q R S T U V W X Y Z

68. 通过朋友的经历我开始相信一个人如果登上高峰却不能向下
A B C D E F G H I J K L M N O P Q R S T U V W X Y Z

沉潜他就会被永远定格在这里就再也不能攀登远方的高山了
A B C D E F G H I J K L M N O P Q R S T U V W X Y Z

69. 秋天的黄昏落叶铺满地面叠成厚厚的一层金黄空荡荡的树枝
A B C D E F G H I J K L M N O P Q R S T U V W X Y Z

映着天空晚霞五彩缤纷霞光从枝缝间洒了下来
A B C D E F G H I J K L M N O P Q R S T

70. 在那些看似微小的生命中其实也隐藏着非常广大非常深刻非
A B C D E F G H I J K L M N O P Q R S T U V W X Y Z

常细腻的心只是我们的眼睛平时都蒙了灰对此视而不见罢了
A B C D E F G H I J K L M N O P Q R S T U V W X Y Z

71. 知识就是力量这是一句伟大的格言也成为了一代又一代人的
A B C D E F G H I J K L M N O P Q R S T U V W X Y Z

座右铭因为有了知识我们才能不断进步人类的文明才能一代
A B C D E F G H I J K L M N O P Q R S T U V W X Y Z

代传承下去
A B C D E

72. 床上躺着还在睡梦中的孩子一头卷发闪着亮光蓬乱地覆在天
A B C D E F G H I J K L M N O P Q R S T U V W X Y Z

真的小脸上红红的嘴唇微微张着胖胖的小手搁在被窝外脸蛋
A B C D E F G H I J K L M N O P Q R S T U V W X Y Z

上挂着甜甜的微笑
A B C D E F G H

五、阅读文本，每题找出一个别字，并在答题卡上涂黑。（第73—90题，共18题）

例：爸爸要买一两新车。
A B C D E F G H

解析：“两”处的正确用字是“辆”，所以在答题卡上将F涂■。

73. 从邮局到菜市场还有一短路要走。
A B C D E F G H I J K L M N

74. 那熟悉的声音老远就漂到了我的耳边。
A B C D E F G H I J K L M N O P

75. 女孩好久才回过伸来，说了一句对不起。
A B C D E F G H I J K L M N O P Q

76. 这次活动即可以增长知识，又充满乐趣。
A B C D E F G H I J K L M N O P Q

77. 我在外面站了一会儿，又股起勇气走进了门。
A B C D E F G H I J K L M N O P Q R S

78. 外公种的苹果又危又甜，很多人来果园里买。
A B C D E F G H I J K L M N O P Q R S

79. 那是用青红两色丝线休出来的手帕。
A B C D E F G H I J K L M N O

80. 老爸发了火，大孔着要我回我自己房间。
A B C D E F G H I J K L M N O P Q

81. 平你们学到的知识，将来一定会解开这个谜题。
A B C D E F G H I J K L M N O P Q R S T

82. 他知道自己做了错事，那张小脸张得红通通的。
A B C D E F G H I J K L M N O P Q R S T

83. 愿每个同学都能普写出属于自己人生的动人乐章！
A B C D E F G H I J K L M N O P Q R S T U

84. 真狠不得把全世界的摩托车都毁了，看他们怎么骑！
A B C D E F G H I J K L M N O P Q R S T U V

85. 他争强好胜，每项比赛都想迎过别人。
A B C D E F G H I J K L M N O P

86. 不知他犯了什么罪，被警察甲进警车带走了。
A B C D E F G H I J K L M N O P Q R S

87. 今年 2 月所有国内航线都新增了超级经济仓的服务。
A B C D E F G H I J K L M N O P Q R S T U V

88. 他实在是个老实人，一点谎都不撤，哪怕是善意的。
A B C D E F G H I J K L M N O P Q R S T U V

89. 自由并不应当被视作上天慈给的东西，自由是有代价的。
A B C D E F G H I J K L M N O P Q R S T U V W X

90. 避免失望的最好办法，就是不寂希望于任何人、任何事。
A B C D E F G H I J K L M N O P Q R S T U V W X

六、阅读文本，每题有一个缺字，请找出空缺前字和缺字，并在答题卡上涂黑。（第91—108题，共18题）

> **例：** a. 问　b. 懒　c. 他　d. 水　e. 也　f. 送
> 我可以你一个问题吗？
> A B C D E F G H I
>
> **解析：**这句话应该是“**我可以问你一个问题吗？**”，空缺处在“以”的后面，缺字为“问”，所以在答题卡上将C和a涂■。

a. 开　b. 常　c. 听　d. 苦　e. 球　f. 豫

91. 我爱踢足球，也爱看赛。
A B C D E F G H I J

92. 他没有回答，好像在犹着什么。
A B C D E F G H I J K L M

93. 这段时间虽然很辛，但是一切都值得。
A B C D E F G H I J K L M N O P

94. 小李的脚太小了，经买不到合适的鞋子。
A B C D E F G H I J K L M N O P Q

95. 表演结束了，许多观众还久久不愿离。
A B C D E F G H I J K L M N O P

96. 爷爷以为医生没有到他的话，就又重复了一遍。
A B C D E F G H I J K L M N O P Q R S T

a. 精　b. 用　c. 高　d. 故　e. 疑　f. 今

97. 没有昨天就无所谓天和明天。
A B C D E F G H I J K L

98. 他连续几天熬夜，看着神不太好。
A B C D E F G H I J K L M N

99. 此时是下班峰，公交车上已满是乘客。
A B C D E F G H I J K L M N O P

100. 他不是意的，你别那么小心眼儿了。
A B C D E F G H I J K L M N O

101. 同学们似乎听不太懂，都仰起头惑地看着老师。
A B C D E F G H I J K L M N O P Q R S T

102. 她学习很功，以优异的成绩考上了国内最好的大学。
A B C D E F G H I J K L M N O P Q R S T U V

a. 世　b. 名　c. 暴　d. 陌　e. 救　f. 知

103. 医生最重要的职责是挽生命。
A B C D E F G H I J K L

104. 环境保护不单是中国的话题，更是界的话题。
A B C D E F G H I J K L M N O P Q R S T

105. 新疆虽然地处僻远的西北，却是闻的瓜果之乡。
A B C D E F G H I J K L M N O P Q R S T

106. 地铁内的拥挤，使生的人们挨得比情侣还紧密。
A B C D E F G H I J K L M N O P Q R S T

107. 孤独不是受到了冷落和遗弃，而是没有己，不被理解。
A B C D E F G H I J K L M N O P Q R S T U V W

108. 写字容易露一个人的个性，所谓“字如其人”大抵不假。
A B C D E F G H I J K L M N O P Q R S T U V W X

七、阅读文本，下面的试题分为两部分，请按照要求删字或删句，并在答题卡上涂黑。（第 109—126 题，共 18 题）

注意：

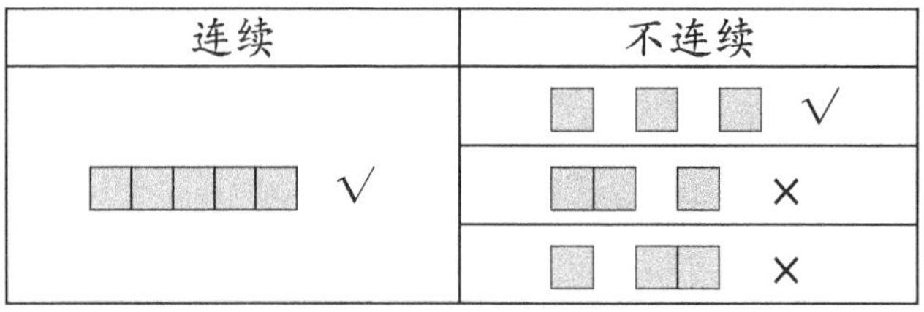

（一）请按要求删字，删除后语句通顺，意思和原文保持最大程度一致。（第 109—120 题，共 12 题）

例：要求删连续 2 字。

他手里拿着弹弓。

A B C D E F G

解析：删掉“手里”连续 2 字后，句子仍通顺，句意和原文保持最大程度一致，所以在答题卡上将 B 和 C 涂■。

请完成 109—111 题，要求删连续 2 字。

109. 如果有机会我要再来。
A B C D E F G H I

110. 他已经很累了，别麻烦他了。
A B C D E F G H I J K L

111. 黄老师临时有事，让我主持班会。
A B C D E F G H I J K L M N

请完成 112—114 题，要求删不连续 2 字。

112. 黑夜已经降临。
A B C D E F

113. 真希望永远别长大啊。
A B C D E F G H I

114. 大壮没有伞，只好冒着雨去学校。

A B C D E F G H I J K L M N

请完成 115—117 题，要求删连续 3 字。

115. 我忽然想起无数恐怖的鬼故事。

A B C D E F G H I J K L M

116. 他赢得了长跑冠军，班里的同学都很佩服他。

A B C D E F G H I J K L M N O P Q R S

117. 男孩长大了，也变得懂事了，会心疼妈妈了。

A B C D E F G H I J K L M N O P Q R S

请完成 118—120 题，要求删不连续 3 字。

118. 我发誓绝对不会告诉别人的。

A B C D E F G H I J K L

119. 货轮驶向码头，缓缓地靠在岸边。

A B C D E F G H I J K L M N

120. 那树上的雪，就像无数朵绽放的梨花。

A B C D E F G H I J K L M N O P

（二）请按要求删句，删除后文本连贯，意思和原文保持最大程度一致。（第 121—126 题，共 6 题）

例：要求删 1 句。

人可以无知，但不可以无趣，这是从旁观者的眼光看的，
A B C

与无趣之人对坐，如坐牢狱。
D E

解析：删掉句子C后，文本仍然连贯，意思和原文保持最大程度一致。所以在答题卡上将C涂■。

请完成 121—124 题，要求删 1 句。

121. 草地的另一边是一片芦苇丛(A)，这片芦苇长得非常茂密(B)，就像一片原始森林(C)。到了深秋时节(D)，盛开的芦苇花还会随风飘到草地上来(E)。

122. 文化和历史类节目历来都是综艺界公认的难题(A)，在节目创作的过程中(B)，一不小心就会落入老套(C)。但如今荧屏上不乏把历史说得有趣的节目(D)，把文化展示得亲近的节目(E)。

123. 爸爸在剪花草(A)，他说夹竹桃叶子太多的话(B)，花就开得少(C)，该去掉一些叶子(D)，为了使夹竹桃的枝子不那么散散落落(E)，他又用细绳儿捆扎了一下(F)。

124. 我喜欢坐在窗前等爸爸回家(A)。虽然过往的行人那样多(B)，但我总能分辨他的足音(C)。那是很容易的(D)，如果脚步声听起来是沉重的大阔步(E)，那就准是爸爸回来了(F)！

请完成 125—126 题，要求删不连续 2 句。

125. 栗子的外壳形状很奇怪(A)，外面长了长长的硬刺(B)，很扎手(C)，外壳里围着长了一圈栗子(D)，一颗一颗紧挨着(E)。

126. 湖中心有个小岛(A)，这岛不大(B)，岛上树木繁多且茂盛(C)，看起来郁郁葱葱的(D)。岛上没有路(E)，但人们可以坐小艇环岛一周(F)，听导游讲述这座小岛的趣闻(G)。

华文水平测试答题卡

阅读 · 五级

姓名	

填涂要求	1. 请用 2B 铅笔填涂。 2. 正确填涂：■ 3. 修改时请用橡皮擦干净。 4. 请勿折叠、弄脏或弄破。

准考证号填涂区																
[0]	[0]	[0]	[0]	[0]	[0]	[0]	[0]	[0]	[0]	[0]	[0]	[0]	[0]	[0]	[0]	[0]
[1]	[1]	[1]	[1]	[1]	[1]	[1]	[1]	[1]	[1]	[1]	[1]	[1]	[1]	[1]	[1]	[1]
[2]	[2]	[2]	[2]	[2]	[2]	[2]	[2]	[2]	[2]	[2]	[2]	[2]	[2]	[2]	[2]	[2]
[3]	[3]	[3]	[3]	[3]	[3]	[3]	[3]	[3]	[3]	[3]	[3]	[3]	[3]	[3]	[3]	[3]
[4]	[4]	[4]	[4]	[4]	[4]	[4]	[4]	[4]	[4]	[4]	[4]	[4]	[4]	[4]	[4]	[4]
[5]	[5]	[5]	[5]	[5]	[5]	[5]	[5]	[5]	[5]	[5]	[5]	[5]	[5]	[5]	[5]	[5]
[6]	[6]	[6]	[6]	[6]	[6]	[6]	[6]	[6]	[6]	[6]	[6]	[6]	[6]	[6]	[6]	[6]
[7]	[7]	[7]	[7]	[7]	[7]	[7]	[7]	[7]	[7]	[7]	[7]	[7]	[7]	[7]	[7]	[7]
[8]	[8]	[8]	[8]	[8]	[8]	[8]	[8]	[8]	[8]	[8]	[8]	[8]	[8]	[8]	[8]	[8]
[9]	[9]	[9]	[9]	[9]	[9]	[9]	[9]	[9]	[9]	[9]	[9]	[9]	[9]	[9]	[9]	[9]

1	[A] [B] [C]	**7**	[A] [B] [C]	**13**	[A] [B] [C] [D]	**19**	[A] [B] [C]	**25**	[A] [B] [C]	**31**	[A] [B] [C] [D]	**37**	[A] [B] [C] [D]	**43**	[A] [B] [C] [D]	**49**	[A] [B] [C] [D]
2	[A] [B] [C]	**8**	[A] [B] [C]	**14**	[A] [B] [C] [D]	**20**	[A] [B] [C]	**26**	[A] [B] [C]	**32**	[A] [B] [C] [D]	**38**	[A] [B] [C] [D]	**44**	[A] [B] [C] [D]	**50**	[A] [B] [C] [D]
3	[A] [B] [C]	**9**	[A] [B] [C]	**15**	[A] [B] [C] [D]	**21**	[A] [B] [C]	**27**	[A] [B] [C]	**33**	[A] [B] [C] [D]	**39**	[A] [B] [C] [D]	**45**	[A] [B] [C] [D]	**51**	[A] [B] [C] [D]
4	[A] [B] [C]	**10**	[A] [B] [C]	**16**	[A] [B] [C] [D]	**22**	[A] [B] [C]	**28**	[A] [B] [C]	**34**	[A] [B] [C] [D]	**40**	[A] [B] [C] [D]	**46**	[A] [B] [C] [D]	**52**	[A] [B] [C] [D]
5	[A] [B] [C]	**11**	[A] [B] [C]	**17**	[A] [B] [C] [D]	**23**	[A] [B] [C]	**29**	[A] [B] [C]	**35**	[A] [B] [C] [D]	**41**	[A] [B] [C] [D]	**47**	[A] [B] [C] [D]	**53**	[A] [B] [C] [D]
6	[A] [B] [C]	**12**	[A] [B] [C]	**18**	[A] [B] [C] [D]	**24**	[A] [B] [C]	**30**	[A] [B] [C]	**36**	[A] [B] [C] [D]	**42**	[A] [B] [C] [D]	**48**	[A] [B] [C] [D]	**54**	[A] [B] [C] [D]

55	[A] [B] [C] [D] [E] [F] [G] [H] [I] [J] [K] [L] [M] [N] [O] [P] [Q] [R] [S] [T] [U] [V] [W] [X] [Y] [Z] [A] [B] [C] [D] [E] [F] [G] [H] [I] [J] [K] [L] [M] [N]
56	[A] [B] [C] [D] [E] [F] [G] [H] [I] [J] [K] [L] [M] [N] [O] [P] [Q] [R] [S] [T] [U] [V] [W] [X] [Y] [Z] [A] [B] [C] [D] [E] [F] [G] [H] [I] [J] [K] [L] [M] [N]
57	[A] [B] [C] [D] [E] [F] [G] [H] [I] [J] [K] [L] [M] [N] [O] [P] [Q] [R] [S] [T] [U] [V] [W] [X] [Y] [Z] [A] [B] [C] [D] [E] [F] [G] [H] [I] [J] [K] [L] [M] [N]
58	[A] [B] [C] [D] [E] [F] [G] [H] [I] [J] [K] [L] [M] [N] [O] [P] [Q] [R] [S] [T] [U] [V] [W] [X] [Y] [Z] [A] [B] [C] [D] [E] [F] [G] [H] [I] [J] [K] [L] [M] [N]
59	[A] [B] [C] [D] [E] [F] [G] [H] [I] [J] [K] [L] [M] [N] [O] [P] [Q] [R] [S] [T] [U] [V] [W] [X] [Y] [Z] [A] [B] [C] [D] [E] [F] [G] [H] [I] [J] [K] [L] [M] [N]
60	[A] [B] [C] [D] [E] [F] [G] [H] [I] [J] [K] [L] [M] [N] [O] [P] [Q] [R] [S] [T] [U] [V] [W] [X] [Y] [Z] [A] [B] [C] [D] [E] [F] [G] [H] [I] [J] [K] [L] [M] [N]
61	[A] [B] [C] [D] [E] [F] [G] [H] [I] [J] [K] [L] [M] [N] [O] [P] [Q] [R] [S] [T] [U] [V] [W] [X] [Y] [Z] [A] [B] [C] [D] [E] [F] [G] [H] [I] [J] [K] [L] [M] [N] [O] [P] [Q] [R] [S] [T] [U] [V] [W] [X] [Y] [Z]
62	[A] [B] [C] [D] [E] [F] [G] [H] [I] [J] [K] [L] [M] [N] [O] [P] [Q] [R] [S] [T] [U] [V] [W] [X] [Y] [Z] [A] [B] [C] [D] [E] [F] [G] [H] [I] [J] [K] [L] [M] [N] [O] [P] [Q] [R] [S] [T] [U] [V] [W] [X] [Y] [Z]
63	[A] [B] [C] [D] [E] [F] [G] [H] [I] [J] [K] [L] [M] [N] [O] [P] [Q] [R] [S] [T] [U] [V] [W] [X] [Y] [Z] [A] [B] [C] [D] [E] [F] [G] [H] [I] [J] [K] [L] [M] [N] [O] [P] [Q] [R] [S] [T] [U] [V] [W] [X] [Y] [Z]
64	[A] [B] [C] [D] [E] [F] [G] [H] [I] [J] [K] [L] [M] [N] [O] [P] [Q] [R] [S] [T] [U] [V] [W] [X] [Y] [Z] [A] [B] [C] [D] [E] [F] [G] [H] [I] [J] [K] [L] [M] [N] [O] [P] [Q] [R] [S] [T] [U] [V] [W] [X] [Y] [Z]
65	[A] [B] [C] [D] [E] [F] [G] [H] [I] [J] [K] [L] [M] [N] [O] [P] [Q] [R] [S] [T] [U] [V] [W] [X] [Y] [Z] [A] [B] [C] [D] [E] [F] [G] [H] [I] [J] [K] [L] [M] [N] [O] [P] [Q] [R] [S] [T] [U] [V] [W] [X] [Y] [Z]
66	[A] [B] [C] [D] [E] [F] [G] [H] [I] [J] [K] [L] [M] [N] [O] [P] [Q] [R] [S] [T] [U] [V] [W] [X] [Y] [Z] [A] [B] [C] [D] [E] [F] [G] [H] [I] [J] [K] [L] [M] [N] [O] [P] [Q] [R] [S] [T] [U] [V] [W] [X] [Y] [Z]
67	[A] [B] [C] [D] [E] [F] [G] [H] [I] [J] [K] [L] [M] [N] [O] [P] [Q] [R] [S] [T] [U] [V] [W] [X] [Y] [Z] [A] [B] [C] [D] [E] [F] [G] [H] [I] [J] [K] [L] [M] [N] [O] [P] [Q] [R] [S] [T] [U] [V] [W] [X] [Y] [Z] [A] [B] [C] [D] [E] [F] [G] [H]

68	[A] [B] [C] [D] [E] [F] [G] [H] [I] [J] [K] [L] [M] [N] [O] [P] [Q] [R] [S] [T] [U] [V] [W] [X] [Y] [Z] [A] [B] [C] [D] [E] [F] [G] [H] [I] [J] [K] [L] [M] [N] [O] [P] [Q] [R] [S] [T] [U] [V] [W] [X] [Y] [Z] [A] [B] [C] [D] [E] [F] [G] [H]
69	[A] [B] [C] [D] [E] [F] [G] [H] [I] [J] [K] [L] [M] [N] [O] [P] [Q] [R] [S] [T] [U] [V] [W] [X] [Y] [Z] [A] [B] [C] [D] [E] [F] [G] [H] [I] [J] [K] [L] [M] [N] [O] [P] [Q] [R] [S] [T] [U] [V] [W] [X] [Y] [Z] [A] [B] [C] [D] [E] [F] [G] [H]
70	[A] [B] [C] [D] [E] [F] [G] [H] [I] [J] [K] [L] [M] [N] [O] [P] [Q] [R] [S] [T] [U] [V] [W] [X] [Y] [Z] [A] [B] [C] [D] [E] [F] [G] [H] [I] [J] [K] [L] [M] [N] [O] [P] [Q] [R] [S] [T] [U] [V] [W] [X] [Y] [Z] [A] [B] [C] [D] [E] [F] [G] [H]
71	[A] [B] [C] [D] [E] [F] [G] [H] [I] [J] [K] [L] [M] [N] [O] [P] [Q] [R] [S] [T] [U] [V] [W] [X] [Y] [Z] [A] [B] [C] [D] [E] [F] [G] [H] [I] [J] [K] [L] [M] [N] [O] [P] [Q] [R] [S] [T] [U] [V] [W] [X] [Y] [Z] [A] [B] [C] [D] [E] [F] [G] [H]
72	[A] [B] [C] [D] [E] [F] [G] [H] [I] [J] [K] [L] [M] [N] [O] [P] [Q] [R] [S] [T] [U] [V] [W] [X] [Y] [Z] [A] [B] [C] [D] [E] [F] [G] [H] [I] [J] [K] [L] [M] [N] [O] [P] [Q] [R] [S] [T] [U] [V] [W] [X] [Y] [Z] [A] [B] [C] [D] [E] [F] [G] [H]

73	[A] [B] [C] [D] [E] [F] [G] [H] [I] [J] [K] [L] [M] [N] [O] [P] [Q] [R] [S] [T] [U] [V] [W] [X] [Y] [Z]
74	[A] [B] [C] [D] [E] [F] [G] [H] [I] [J] [K] [L] [M] [N] [O] [P] [Q] [R] [S] [T] [U] [V] [W] [X] [Y] [Z]
75	[A] [B] [C] [D] [E] [F] [G] [H] [I] [J] [K] [L] [M] [N] [O] [P] [Q] [R] [S] [T] [U] [V] [W] [X] [Y] [Z]
76	[A] [B] [C] [D] [E] [F] [G] [H] [I] [J] [K] [L] [M] [N] [O] [P] [Q] [R] [S] [T] [U] [V] [W] [X] [Y] [Z]
77	[A] [B] [C] [D] [E] [F] [G] [H] [I] [J] [K] [L] [M] [N] [O] [P] [Q] [R] [S] [T] [U] [V] [W] [X] [Y] [Z]
78	[A] [B] [C] [D] [E] [F] [G] [H] [I] [J] [K] [L] [M] [N] [O] [P] [Q] [R] [S] [T] [U] [V] [W] [X] [Y] [Z]
79	[A] [B] [C] [D] [E] [F] [G] [H] [I] [J] [K] [L] [M] [N] [O] [P] [Q] [R] [S] [T] [U] [V] [W] [X] [Y] [Z]
80	[A] [B] [C] [D] [E] [F] [G] [H] [I] [J] [K] [L] [M] [N] [O] [P] [Q] [R] [S] [T] [U] [V] [W] [X] [Y] [Z]
81	[A] [B] [C] [D] [E] [F] [G] [H] [I] [J] [K] [L] [M] [N] [O] [P] [Q] [R] [S] [T] [U] [V] [W] [X] [Y] [Z]
82	[A] [B] [C] [D] [E] [F] [G] [H] [I] [J] [K] [L] [M] [N] [O] [P] [Q] [R] [S] [T] [U] [V] [W] [X] [Y] [Z]
83	[A] [B] [C] [D] [E] [F] [G] [H] [I] [J] [K] [L] [M] [N] [O] [P] [Q] [R] [S] [T] [U] [V] [W] [X] [Y] [Z]
84	[A] [B] [C] [D] [E] [F] [G] [H] [I] [J] [K] [L] [M] [N] [O] [P] [Q] [R] [S] [T] [U] [V] [W] [X] [Y] [Z]
85	[A] [B] [C] [D] [E] [F] [G] [H] [I] [J] [K] [L] [M] [N] [O] [P] [Q] [R] [S] [T] [U] [V] [W] [X] [Y] [Z]
86	[A] [B] [C] [D] [E] [F] [G] [H] [I] [J] [K] [L] [M] [N] [O] [P] [Q] [R] [S] [T] [U] [V] [W] [X] [Y] [Z]
87	[A] [B] [C] [D] [E] [F] [G] [H] [I] [J] [K] [L] [M] [N] [O] [P] [Q] [R] [S] [T] [U] [V] [W] [X] [Y] [Z]
88	[A] [B] [C] [D] [E] [F] [G] [H] [I] [J] [K] [L] [M] [N] [O] [P] [Q] [R] [S] [T] [U] [V] [W] [X] [Y] [Z]
89	[A] [B] [C] [D] [E] [F] [G] [H] [I] [J] [K] [L] [M] [N] [O] [P] [Q] [R] [S] [T] [U] [V] [W] [X] [Y] [Z]
90	[A] [B] [C] [D] [E] [F] [G] [H] [I] [J] [K] [L] [M] [N] [O] [P] [Q] [R] [S] [T] [U] [V] [W] [X] [Y] [Z]

91	[A] [B] [C] [D] [E] [F] [G] [H] [I] [J] [K] [L] [M] [N] [O] [P] [Q] [R] [S] [T] [U] [V] [W] [X] [Y] [Z]	[a] [b] [c] [d] [e] [f]
92	[A] [B] [C] [D] [E] [F] [G] [H] [I] [J] [K] [L] [M] [N] [O] [P] [Q] [R] [S] [T] [U] [V] [W] [X] [Y] [Z]	[a] [b] [c] [d] [e] [f]
93	[A] [B] [C] [D] [E] [F] [G] [H] [I] [J] [K] [L] [M] [N] [O] [P] [Q] [R] [S] [T] [U] [V] [W] [X] [Y] [Z]	[a] [b] [c] [d] [e] [f]
94	[A] [B] [C] [D] [E] [F] [G] [H] [I] [J] [K] [L] [M] [N] [O] [P] [Q] [R] [S] [T] [U] [V] [W] [X] [Y] [Z]	[a] [b] [c] [d] [e] [f]
95	[A] [B] [C] [D] [E] [F] [G] [H] [I] [J] [K] [L] [M] [N] [O] [P] [Q] [R] [S] [T] [U] [V] [W] [X] [Y] [Z]	[a] [b] [c] [d] [e] [f]

96	[A] [B] [C] [D] [E] [F] [G] [H] [I] [J] [K] [L] [M] [N] [O] [P] [Q] [R] [S] [T] [U] [V] [W] [X] [Y] [Z]	[a] [b] [c] [d] [e] [f]
97	[A] [B] [C] [D] [E] [F] [G] [H] [I] [J] [K] [L] [M] [N] [O] [P] [Q] [R] [S] [T] [U] [V] [W] [X] [Y] [Z]	[a] [b] [c] [d] [e] [f]
98	[A] [B] [C] [D] [E] [F] [G] [H] [I] [J] [K] [L] [M] [N] [O] [P] [Q] [R] [S] [T] [U] [V] [W] [X] [Y] [Z]	[a] [b] [c] [d] [e] [f]
99	[A] [B] [C] [D] [E] [F] [G] [H] [I] [J] [K] [L] [M] [N] [O] [P] [Q] [R] [S] [T] [U] [V] [W] [X] [Y] [Z]	[a] [b] [c] [d] [e] [f]
100	[A] [B] [C] [D] [E] [F] [G] [H] [I] [J] [K] [L] [M] [N] [O] [P] [Q] [R] [S] [T] [U] [V] [W] [X] [Y] [Z]	[a] [b] [c] [d] [e] [f]
101	[A] [B] [C] [D] [E] [F] [G] [H] [I] [J] [K] [L] [M] [N] [O] [P] [Q] [R] [S] [T] [U] [V] [W] [X] [Y] [Z]	[a] [b] [c] [d] [e] [f]
102	[A] [B] [C] [D] [E] [F] [G] [H] [I] [J] [K] [L] [M] [N] [O] [P] [Q] [R] [S] [T] [U] [V] [W] [X] [Y] [Z]	[a] [b] [c] [d] [e] [f]
103	[A] [B] [C] [D] [E] [F] [G] [H] [I] [J] [K] [L] [M] [N] [O] [P] [Q] [R] [S] [T] [U] [V] [W] [X] [Y] [Z]	[a] [b] [c] [d] [e] [f]
104	[A] [B] [C] [D] [E] [F] [G] [H] [I] [J] [K] [L] [M] [N] [O] [P] [Q] [R] [S] [T] [U] [V] [W] [X] [Y] [Z]	[a] [b] [c] [d] [e] [f]
105	[A] [B] [C] [D] [E] [F] [G] [H] [I] [J] [K] [L] [M] [N] [O] [P] [Q] [R] [S] [T] [U] [V] [W] [X] [Y] [Z]	[a] [b] [c] [d] [e] [f]
106	[A] [B] [C] [D] [E] [F] [G] [H] [I] [J] [K] [L] [M] [N] [O] [P] [Q] [R] [S] [T] [U] [V] [W] [X] [Y] [Z]	[a] [b] [c] [d] [e] [f]
107	[A] [B] [C] [D] [E] [F] [G] [H] [I] [J] [K] [L] [M] [N] [O] [P] [Q] [R] [S] [T] [U] [V] [W] [X] [Y] [Z]	[a] [b] [c] [d] [e] [f]
108	[A] [B] [C] [D] [E] [F] [G] [H] [I] [J] [K] [L] [M] [N] [O] [P] [Q] [R] [S] [T] [U] [V] [W] [X] [Y] [Z]	[a] [b] [c] [d] [e] [f]

109	[A] [B] [C] [D] [E] [F] [G] [H] [I] [J] [K] [L] [M] [N] [O] [P] [Q] [R] [S] [T] [U] [V] [W] [X] [Y] [Z]
110	[A] [B] [C] [D] [E] [F] [G] [H] [I] [J] [K] [L] [M] [N] [O] [P] [Q] [R] [S] [T] [U] [V] [W] [X] [Y] [Z]
111	[A] [B] [C] [D] [E] [F] [G] [H] [I] [J] [K] [L] [M] [N] [O] [P] [Q] [R] [S] [T] [U] [V] [W] [X] [Y] [Z]
112	[A] [B] [C] [D] [E] [F] [G] [H] [I] [J] [K] [L] [M] [N] [O] [P] [Q] [R] [S] [T] [U] [V] [W] [X] [Y] [Z]
113	[A] [B] [C] [D] [E] [F] [G] [H] [I] [J] [K] [L] [M] [N] [O] [P] [Q] [R] [S] [T] [U] [V] [W] [X] [Y] [Z]
114	[A] [B] [C] [D] [E] [F] [G] [H] [I] [J] [K] [L] [M] [N] [O] [P] [Q] [R] [S] [T] [U] [V] [W] [X] [Y] [Z]
115	[A] [B] [C] [D] [E] [F] [G] [H] [I] [J] [K] [L] [M] [N] [O] [P] [Q] [R] [S] [T] [U] [V] [W] [X] [Y] [Z]
116	[A] [B] [C] [D] [E] [F] [G] [H] [I] [J] [K] [L] [M] [N] [O] [P] [Q] [R] [S] [T] [U] [V] [W] [X] [Y] [Z]
117	[A] [B] [C] [D] [E] [F] [G] [H] [I] [J] [K] [L] [M] [N] [O] [P] [Q] [R] [S] [T] [U] [V] [W] [X] [Y] [Z]
118	[A] [B] [C] [D] [E] [F] [G] [H] [I] [J] [K] [L] [M] [N] [O] [P] [Q] [R] [S] [T] [U] [V] [W] [X] [Y] [Z]
119	[A] [B] [C] [D] [E] [F] [G] [H] [I] [J] [K] [L] [M] [N] [O] [P] [Q] [R] [S] [T] [U] [V] [W] [X] [Y] [Z]
120	[A] [B] [C] [D] [E] [F] [G] [H] [I] [J] [K] [L] [M] [N] [O] [P] [Q] [R] [S] [T] [U] [V] [W] [X] [Y] [Z]

121	[A] [B] [C] [D] [E] [F] [G] [H] [I] [J]	**124**	[A] [B] [C] [D] [E] [F] [G] [H] [I] [J]
122	[A] [B] [C] [D] [E] [F] [G] [H] [I] [J]	**125**	[A] [B] [C] [D] [E] [F] [G] [H] [I] [J]
123	[A] [B] [C] [D] [E] [F] [G] [H] [I] [J]	**126**	[A] [B] [C] [D] [E] [F] [G] [H] [I] [J]

阅读·五级样卷答案

识字部分

一、	1.A	2.C	3.B	4.A	5.C	6.B
	7.A	8.A	9.C	10.C	11.B	12.A
	13.B	14.A	15.C	16.D	17.B	18.A
二、	19.C	20.B	21.B	22.B	23.C	24.B
	25.A	26.C	27.B	28.A	29.B	30.C
	31.B	32.D	33.A	34.C	35.B	36.C
三、	37.D	38.A	39.C	40.B	41.C	42.A
	43.D	44.A	45.B	46.C	47.B	48.C
	49.A	50.D	51.D	52.A	53.C	54.B

读文部分

四、	55.FLV	56.JSX	57.IOA	58.HTE	59.HTZ	60.KQF
	61.DJXG	62.GOUD	63.HOUE	64.HRAK	65.LQXH	66.FXBN
	67.FPYNR	68.GLUBM	69.EKTDJ	70.KUYER	71.FOCIQ	72.LTENX
五、	73.K	74.J	75.H	76.E	77.L	78.H
	79.J	80.H	81.A	82.O	83.H	84.B
	85.M	86.M	87.S	88.O	89.L	90.N
六、	91.Ie	92.Jf	93.Hd	94.Ib	95.Pa	96.Hc
	97.Hf	98.Ja	99.Ec	100.Cd	101.Ne	102.Db
	103.Je	104.Oa	105.Ob	106.Hd	107.Qf	108.Dc
七、	109.AB	110.BC	111.DE	112.AD	113.AI	114.DJ
	115.HIJ	116.JKL	117.GHI	118.EGL	119.JLN	120.AGK
	121.C	122.B	123.D	124.D	125.CE	126.BD

华文水平测试

阅读 · 六级

（适用年龄：18 岁左右或成人）

样　卷

暨南大学 • 华文考试院

中国 • 广州

注意事项

一、本试卷共 126 题，分两部分：

1. 识字（三大题，每大题 18 小题）

2. 读文（四大题，每大题 18 小题）

二、所有答案必须写在答题卡上，写在试卷上不得分

三、考试时间 90 分钟（含填涂答题卡）

第一部分　识字

一、认汉字，每题找出字音个别的一项，并在答题卡上涂黑。（第1—18题，共18题）

例：A. 不　　B. 白　　C. 子

解析：“不”“白”声母一样，“子”跟“不”“白”声母、韵母都不同，所以选“子”，在答题卡上将C涂■。

1.	A. 悲	B. 胀	C. 培	
2.	A. 叨	B. 宇	C. 予	
3.	A. 稿	B. 汇	C. 惠	
4.	A. 焰	B. 塌	C. 雁	
5.	A. 践	B. 截	C. 缕	
6.	A. 缓	B. 寞	C. 魄	
7.	A. 晓	B. 浊	C. 啸	D. 宵
8.	A. 垮	B. 旷	C. 铭	D. 溃
9.	A. 涩	B. 侣	C. 撤	D. 搁
10.	A. 掠	B. 倡	C. 疮	D. 绸
11.	A. 蕴	B. 孕	C. 韵	D. 竭
12.	A. 顷	B. 艇	C. 铸	D. 凝
13.	A. 馁	B. 袜	C. 阔	D. 芭
14.	A. 肪	B. 赋	C. 诽	D. 歼

15. A. 凄 B. 姆 C. 剃 D. 砌

16. A. 奠 B. 惦 C. 胧 D. 淀

17. A. 鲍 B. 辖 C. 镶 D. 蝎

18. A. 辗 B. 澎 C. 鹏 D. 烹

二、认汉字，每题找出字义个别的一项，并在答题卡上涂黑。（第19—36题，共18题）

例：A. 羊 B. 牛 C. 也

解析：“羊”“牛”都表示动物，“也”则完全不同，所以选“也”，在答题卡上将C涂■。

19. A. 才 B. 技 C. 协

20. A. 亚 B. 限 C. 度

21. A. 肝 B. 肺 C. 肿

22. A. 沸 B. 泽 C. 池

23. A. 款 B. 娱 C. 式

24. A. 嫩 B. 援 C. 稚

25. A. 怯 B. 朽 C. 恐 D. 忌

26. A. 夸 B. 赞 C. 吟 D. 许

27. A. 招 B. 计 C. 策 D. 届

28. A. 尊 B. 焚 C. 崇 D. 敬

29. A. 坟 B. 墓 C. 陵 D. 艇

30. A. 铸 B. 存 C. 蓄 D. 储

31. A. 扣 B. 押 C. 掺 D. 拘

32. A. 乃 B. 虚 C. 玄 D. 幻

33. A. 瞅 B. 睹 C. 睦 D. 瞪

34. A. 乏 B. 短 C. 欠 D. 愣

35. A. 滞 B. 栗 C. 止 D. 僵

36. A. 奢 B. 暗 C. 昏 D. 黯

三、认汉字，每题找出有别字的一项，并在答题卡上涂黑。（第37—54题，共18题）

> **例：** A. 烦脑 B. 伯父 C. 反应 D. 尽力
>
> **解析：** “烦脑”的正确写法是“烦恼”，所以在答题卡上将A涂■。

37. A. 匆忙 B. 攻击 C. 纪忆 D. 平和

38. A. 反而 B. 脑火 C. 正式 D. 员工

39. A. 但忧 B. 服务 C. 景区 D. 芳香

40. A. 原先 B. 征服 C. 趁机 D. 扑素

41. A. 奉献 B. 始唤 C. 香甜 D. 健将

42. A. 精巧 B. 穿越 C. 铺捞 D. 温顺

43. A. 指示 B. 忘却 C. 托运 D. 纽曲

44. A. 苦闷 B. 几笑 C. 安详 D. 达成

45. A. 帖近 B. 谈吐 C. 冒充 D. 花季

46.	A. 支援	B. 奏效	C. 规饭	D. 画报
47.	A. 衡量	B. 显露	C. 篇幅	D. 冷莫
48.	A. 慷既	B. 策略	C. 搜集	D. 思路
49.	A. 变迁	B. 风资	C. 功底	D. 生涯
50.	A. 打点	B. 认知	C. 旷达	D. 顷心
51.	A. 案例	B. 规章	C. 袖诊	D. 无端
52.	A. 杜决	B. 珍重	C. 英明	D. 利率
53.	A. 思虑	B. 探视	C. 制裁	D. 款待
54.	A. 周遭	B. 虐侍	C. 解读	D. 缠绵

第二部分 读文

四、阅读文本，下面的试题分为三部分，请按照要求找出停顿项，并在答题卡上涂黑。（第55—72题，共18题）

（一）本部分每题中间停顿四次，找出停顿项，并在答题卡上涂黑。（第55—60题，共6题）

例： 我想出去玩可是我生病了不能出门只好在家里太无聊了
A B C D E F G H I J K L M N O P Q R S T U V W X

解析： 这句话应该这样停顿：**我想出去玩 / 可是我生病了 / 不能出门 / 只好在家里 / 太无聊了**，所以在答题卡上将E、K、O和T涂■。

55. 夏天的傍晚夕阳照在田野上空气中充满了草木之香两只蜻蜓
A B C D E F G H I J K L M N O P Q R S T U V W X Y Z
从远方飞来歇在一株百合花上
A B C D E F G H I J K L M

56. 下午即将过去太阳挂在西边的天空上不再那么耀眼变成了通
A B C D E F G H I J K L M N O P Q R S T U V W X Y Z
红的一轮涂在红光闪闪的云层上
A B C D E F G H I J K L M N

57. 妈妈的爱是无私的她为我牺牲了太多她的爱就像一杯浓浓的
A B C D E F G H I J K L M N O P Q R S T U V W X Y Z
奶茶寒冷时给我温暖痛苦时给我香甜
A B C D E F G H I J K L M N O P

58. 听完导游的介绍我连忙走进了美术馆这里面挂着满墙的油画
A B C D E F G H I J K L M N O P Q R S T U V W X Y Z
有穿婚纱的姑娘也有在水田里劳动的农民
A B C D E F G H I J K L M N O P Q R

59. 我好不容易摘了一大堆玫瑰摘完又不知道做什么了忽然想到
A B C D E F G H I J K L M N O P Q R S T U V W X Y Z
这花若给祖父戴起来那该多好看
A B C D E F G H I J K L M N

60. 几乎可以说中国没有人不爱荷花的我们楼前的池塘中却独独
A B C D E F G H I J K L M N O P Q R S T U V W X Y Z
缺少荷花每次看到或想到总觉得十分可惜
A B C D E F G H I J K L M N O P Q R

（二）本部分每题中间停顿五次，找出停顿项，并在答题卡上涂黑。（第61—66题，共6题）

例：我想出去玩可是我生病了不能出门只好在家里为了不那么
A B C D E F G H I J K L M N O P Q R S T U V W X Y
无聊我学起了下象棋
Z A B C D E F G H

解析：这句话应该这样停顿：**我想出去玩/可是我生病了/不能出门/只好在家里/为了不那么无聊/我学起了下象棋**，所以在答题卡上将E、K、O、T和A涂■。

61. 一旦遭遇马蜂的攻击不要盲目跑动应该用衣物裹住头部不要
A B C D E F G H I J K L M N O P Q R S T U V W X Y Z
乱动更不要拍打以免引起它们的群体攻击
A B C D E F G H I J K L M N O P Q R

62. 红辣椒辣得人合不拢嘴辣得人睁不开眼辣得人六神无主像一
A B C D E F G H I J K L M N O P Q R S T U V W X Y Z
团火焰在嘴巴里燃烧吐又吐不出来咽又咽不下去
A B C D E F G H I J K L M N O P Q R S T U

63. 我昨天碰到了木子他将校服穿得松松垮垮的和几个男生凑在
A B C D E F G H I J K L M N O P Q R S T U V W X Y Z
一起放肆地大笑着别看他懒懒散散成绩在班里可是数一数二
A B C D E F G H I J K L M N O P Q R S T U V W X Y Z
的
A

64. 郭象是一个很有才华的人他留心观察生活然后再冷静地思考
A B C D E F G H I J K L M N O P Q R S T U V W X Y Z
其中的道理正因如此他的知识十分渊博分析问题常常有独到
A B C D E F G H I J K L M N O P Q R S T U V W X Y Z
的见解
A B C

65. 那辆人力车是祥子一切挣扎与困苦的报酬像身经百战的武士
A B C D E F G H I J K L M N O P Q R S T U V W X Y Z
的一颗徽章在租用人家车的时候他从早到晚地跑像被抽着转
A B C D E F G H I J K L M N O P Q R S T U V W X Y Z
的陀螺他没有自己
A B C D E F G H

66. 记得三十多年前搬来时池塘里好像是有荷花的我的记忆里还
A B C D E F G H I J K L M N O P Q R S T U V W X Y Z
残留着一些绿叶红花的碎影时移事迁岁月流逝池塘里却再也
A B C D E F G H I J K L M N O P Q R S T U V W X Y Z
不见什么荷花了
A B C D E F G

（三）本部分每题中间停顿六次，找出停顿项，并在答题卡上涂黑。
（第67—72题，共6题）

例： 我想出去玩可是我生病了不能出门只好在家里为了不那么
A B C D E F G H I J K L M N O P Q R S T U V W X Y
无聊我学起了下象棋很快便迷上了这个游戏
Z A B C D E F G H I J K L M N O P Q R

解析： 这句话应该这样停顿：**我想出去玩 / 可是我生病了 / 不能出门 / 只好在家里 / 为了不那么无聊 / 我学起了下象棋 / 很快便迷上了这个游戏**，所以在答题卡上将E、K、O、T、A和H涂■。

67. 我也曾经摔倒过也曾彷徨过但从未退缩每当取得一点儿进步
A B C D E F G H I J K L M N O P Q R S T U V W X Y Z
我便受到极大的鼓舞于是继续攀登终于取得了成功
A B C D E F G H I J K L M N O P Q R S T U V

68. 秋 水 长 天 它 是 一 个 美 丽 的 词 它 不 是 春 天 的 绵 绵 细 雨 也 没 有 夏
A B C D E F G H I J K L M N O P Q R S T U V W X Y Z

天 的 炎 热 更 不 像 冬 天 那 样 凛 然 大 地 温 柔 深 情 天 空 透 明 澄 净
A B C D E F G H I J K L M N O P Q R S T U V W X Y

69. 我 家 门 前 有 一 块 丑 石 它 黑 黝 黝 地 卧 着 像 牛 似 的 谁 也 不 知 道 它
A B C D E F G H I J K L M N O P Q R S T U V W X Y Z

何 时 在 的 谁 也 不 去 理 会 它 直 到 科 学 家 发 现 它 是 陨 石 我 这 才 对
A B C D E F G H I J K L M N O P Q R S T U V W X Y Z

它 刮 目 相 看
A B C D E

70. 蔡 琴 低 沉 地 唱 着 她 的 声 音 是 那 么 令 人 着 迷 有 大 河 的 深 沉 有 黄
A B C D E F G H I J K L M N O P Q R S T U V W X Y Z

昏 的 惆 怅 又 有 酒 醉 难 醒 的 缠 绵 我 们 知 道 的 是 她 的 歌 我 们 不 知
A B C D E F G H I J K L M N O P Q R S T U V W X Y Z

道 的 是 她 的 人 生
A B C D E F G

71. 男 人 把 土 块 朝 树 冠 扔 去 土 块 砸 在 树 枝 上 发 出 哗 啦 哗 啦 的 声 响
A B C D E F G H I J K L M N O P Q R S T U V W X Y Z

飞 袋 鼠 受 到 惊 吓 立 即 撑 开 两 片 薄 膜 在 树 枝 上 用 力 弹 跳 像 一 架
A B C D E F G H I J K L M N O P Q R S T U V W X Y Z

结 构 精 巧 的 微 型 滑 翔 机
A B C D E F G H I J

72. 文 学 家 大 仲 马 著 作 颇 丰 作 品 备 受 读 者 欢 迎 儿 子 小 仲 马 也 喜 欢
A B C D E F G H I J K L M N O P Q R S T U V W X Y Z

写 作 但 他 只 顾 埋 头 写 作 不 仅 拒 绝 利 用 父 亲 的 盛 名 反 而 取 了 十
A B C D E F G H I J K L M N O P Q R S T U V W X Y Z

几 个 笔 名 生 怕 编 辑 把 他 跟 父 亲 联 系 起 来
A B C D E F G H I J K L M N O P Q

五、阅读文本，每题找出一个别字，并在答题卡上涂黑。（第73—90题，共18题）

例：爸爸要买一两新车。
A B C D E F G H

解析："两"处的正确用字是"辆"，所以在答题卡上将F涂■。

73. 秋姑娘万着轻盈的步子来到了田野上。
A B C D E F G H I J K L M N O P

74. 我看见他哭得好惭，却又不知该如何安慰他。
A B C D E F G H I J K L M N O P Q R S

75. 姑妈贤这只狗吵闹，就把它送给乡下的亲戚了。
A B C D E F G H I J K L M N O P Q R S T

76. 老师动员我们将不用的文具卷给山区的贫困学生。
A B C D E F G H I J K L M N O P Q R S T U

77. 他细细的眼睛笑成了一条逢，脚步也变得格外欢快。
A B C D E F G H I J K L M N O P Q R S T U V

78. 这部电影惊险刺激的战斗场面，让观众看了直呼过隐。
A B C D E F G H I J K L M N O P Q R S T U V W

79. 这道菜品一上口，味重而不拟，爽滑麻烫。
A B C D E F G H I J K L M N O P Q R

80. 借着酒意他突然有了灵感，即兴今出了一首诗。
A B C D E F G H I J K L M N O P Q R S T

81. 你愿谁都没用的，能弥补过错的也只有你自己。
A B C D E F G H I J K L M N O P Q R S T

82. 婚礼进行曲奏响，她晚着父亲的手臂走入了礼堂。
A B C D E F G H I J K L M N O P Q R S T U

83. 她毕业后就家给了外国人，这几年在国外毫无音讯。
A B C D E F G H I J K L M N O P Q R S T U V

84. 我们还得花钱雇一只小船，才能度过那白茫茫的护城河。
A B C D E F G H I J K L M N O P Q R S T U V W X

85. 他头晕目眩，只觉眼前一黑，身子软软地难在椅子上。
A B C D E F G H I J K L M N O P Q R S T U V W

86. 做任何事情前，都应仔细地权衡每一种方案的利与蔽。
A B C D E F G H I J K L M N O P Q R S T U V W

87. 亏得救火及时，祠堂的大火被扑灭了，只是墙壁给勋黑了。
A B C D E F G H I J K L M N O P Q R S T U V W X Y

88. 院子里有位神情严肃的老人，他正用刀子轻缓地赔着竹子。
A B C D E F G H I J K L M N O P Q R S T U V W X Y

89. 车猛地杀住，车轮与柏油路面剧烈摩擦，发出刺耳的声响。
A B C D E F G H I J K L M N O P Q R S T U V W X Y

90. 过度肥胖不一定是因为懒惰和嘴挽，可能是身体出了问题。
A B C D E F G H I J K L M N O P Q R S T U V W X Y

六、阅读文本，每题有一个缺字，请找出空缺前字和缺字，并在答题卡上涂黑。（第91—108题，共18题）

例： a. 问　b. 懒　c. 他　d. 水　e. 也　f. 送

我可以你一个问题吗？
A B C D E F G H I

解析： 这句话应该是“**我可以问你一个问题吗？**”，空缺处在“以”的后面，缺字为“问”，所以在答题卡上将C和a涂■。

a. 复　　b. 妙　　c. 丰　　d. 计　　e. 被　　f. 活

91. 秋天的田野，一片收的景象。
A B C D E F G H I J K L

92. 这家工厂由于产品不合格迫停产。
A B C D E F G H I J K L M N

93. 王大爷每天坚持锻炼，身体恢得很好。
A B C D E F G H I J K L M N O P

94. 这其中奥之处，普通人是很难猜得透的。
A B C D E F G H I J K L M N O P Q

95. 要想做好一件事情，必须制定详细的划。
A B C D E F G H I J K L M N O P Q

96. 企鹅在陆地上行动笨拙，一到水里就异常灵。
A B C D E F G H I J K L M N O P Q R S

a. 驳　　b. 腾　　c. 正　　d. 竭　　e. 岸　　f. 资

97. 我力控制住自己，想要冷静下来。
A B C D E F G H I J K L M N

98. 他的话虽然听着刺耳，但却无法反。
A B C D E F G H I J K L M N O

99. 江面非常宽阔，渺渺茫茫看不到对。
A B C D E F G H I J K L M N O

100. 他辞去了工作，想要出时间来做个纪录片导演。
A B C D E F G H I J K L M N O P Q R S T

101. 这房子很久没住人，除了有轻微霉气外，一切常。
A B C D E F G H I J K L M N O P Q R S T U

102. 要精细地辨别某地美食的风味，只有长居该地的人才有格。
A B C D E F G H I J K L M N O P Q R S T U V W X Y

a. 佳　　b. 滑　　c. 纯　　d. 罕　　e. 睹　　f. 哗

103. 这块玉石粹得没有一点儿杂质。
A B C D E F G H I J K L M

104. 看着他那稽的模样，大家都忍俊不禁。
A B C D E F G H I J K L M N O P

105. 他惊魂未定地诉说着刚才目的可怕情景。
A B C D E F G H I J K L M N O P Q

106. 在公众场所大声喧是一种不文明的行为。
A B C D E F G H I J K L M N O P Q

107. 面对着满桌的美味肴，她却完全没有胃口。
A B C D E F G H I J K L M N O P Q R

108. 他小心翼翼地捧着姐姐的来信，仿佛那是一件稀的宝物。
A B C D E F G H I J K L M N O P Q R S T U V W X

七、阅读文本，下面的试题分为两部分，请按照要求删字或删句，并在答题卡上涂黑。（第 109—126 题，共 18 题）

注意：

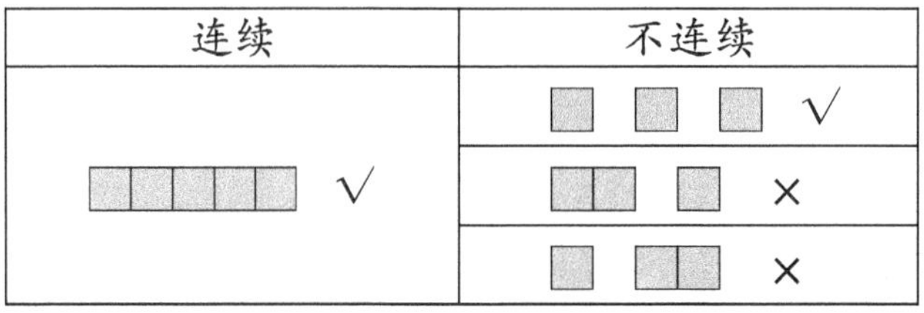

（一）请按要求删字，删除后语句通顺，意思和原文保持最大程度一致。（第 109—114 题，共 6 题）

例：要求删连续 3 字。
湖面有座造型很别致的拱桥。
A B C D E F G H I J K L

解析：删掉“造型很”连续 3 字后，句子仍通顺，句意和原文保持最大程度一致，所以在答题卡上将 E、F 和 G 涂■。

请完成 109—111 题，要求删连续 3 字。

109. 同学们聚精会神地听老师讲课。
A B C D E F G H I J K L M

110. 我带着疑问翻阅书籍，寻找想要的答案。
A B C D E F G H I J K L M N O P Q

111. 妈妈买了最新款式的鞋子给壮壮，班里的同学都很羡慕他。
A B C D E F G H I J K L M N O P Q R S T U V W X Y

请完成 112—114 题，要求删不连续 3 字。

112. 无数的回忆在脑海之中不断地浮现。
A B C D E F G H I J K L M N O

113. 卧室里灯开着，窗户外面漆黑一片。
A B C D E F G H I J K L M N O

114. 他准备用掉所有零花钱买一束花给他外婆。
A B C D E F G H I J K L M N O P Q R

（二）请按要求删句，删除后文本连贯，意思和原文保持最大程度一致。（第 115—126 题，共 12 题）

例：要求删 1 句。

人可以无知，但不可以无趣，这是从旁观者的眼光看的，
A 人可以无知 B 但不可以无趣 C 这是从旁观者的眼光看的

与无趣之人对坐，如坐牢狱。
D 与无趣之人对坐 E 如坐牢狱

解析：删掉句子 C 后，文本仍然连贯，意思和原文保持最大程度一致。所以在答题卡上将 C 涂 ■。

请完成 115—118 题，要求删 1 句。

115. 清晨站到大堤上，放眼望去，只见对面的山水相连，都笼罩在乳白色的浓雾中。阳光穿过云雾照射下来时，湖面上还会泛起点点金光。

A 清晨站到大堤上　B 放眼望去　C 只见对面的山水相连　D 都笼罩在乳白色的浓雾中　E 阳光穿过云雾照射下来时　F 湖面上还会泛起点点金光

116. 午后的阳光暖暖的，浮云松松散散的。我托腮而坐，它们为什么美得这样闲逸？我慢慢地看了几行散文，又忍不住地望着前前后后拥合的青山。

A 午后的阳光暖暖的　B 浮云松松散散的　C 我托腮而坐　D 它们为什么美得这样闲逸　E 我慢慢地看了几行散文　F 又忍不住地望着前前后后拥合的青山

117. 我们是在高三的时候才开始熟识起来的，每天晚自习前在走廊上谈天说地，不知道怎么有那么多话说，非要等到老师来干预了，才肯乖乖地回到各自的教室去。

A 我们是在高三的时候才开始熟识起来的　B 每天晚自习前在走廊上谈天说地　C 不知道怎么有那么多话说　D 非要等到老师来干预了　E 才肯乖乖地回到各自的教室去

118. 在阳光的照射下，生长素在向日葵背光一面含量升高，刺激背光面的细胞拉长，向日葵从东方慢慢地向太阳转动。太阳落山后，生长素重新分布，又使向日葵慢慢地转回起始位置，也就是东方。

A 在阳光的照射下　B 生长素在向日葵背光一面含量升高　C 刺激背光面的细胞拉长　D 向日葵从东方慢慢地向太阳转动　E 太阳落山后　F 生长素重新分布　G 又使向日葵慢慢地转回起始位置　H 也就是东方

请完成 119—124 题，要求删不连续 2 句。

119. 《诗经》与民间流传的其他诗歌有所不同，很少幻想和虚构，它用现实主义的手法，反映生活中最真实的一面，自然而淳朴。

A 《诗经》与民间流传的其他诗歌有所不同　B 很少幻想和虚构　C 它用现实主义的手法　D 反映生活中最真实的一面　E 自然而淳朴

120. 自卑的人们情绪低沉，郁郁寡欢，常因害怕被人看不起而不愿与人来
A B C
往，只想与人疏远。他们缺乏竞争意识，很难享受到成功的乐趣。
D E F

121. 我正在研究室里整理旧稿，一只漂亮的蓝蜻蜓忽然穿窗而入，我措
A B
手不及，不知如何应对，又想多挽留它一下，又想指点它如何逃走。
C D E F

122. 昆明菜是有特点的。很多人以为昆明菜接近四川菜，其实并不一样，
A B C
且差异颇多。四川菜的特点是麻和辣，昆明菜则不像那样既麻且辣，
D E F
四川菜调料复杂，昆明菜则更重本味。
G H

123. 信客是一种私人职业，不受任何机构管理。外出谋生的人多了，
A D C
少不了要带几封平安家信或捎点衣物食品的，信客便由此产生了。
D E
信客要知道各大码头的情形，还要有一副强健的筋骨，才能背得动
F G H
重重的行李。

124. 蟹的储藏所就在天井角落旁的缸里，经常养个十来只，到了中秋或
A B C
重阳等节日时，缸里的蟹就满了。那时我们都有得吃，而且每人得
D E F
吃一大只，尤其是中秋那天，明月底下只有我们一家人，围成一桌
G H
享用着美味的秋蟹。
I

请完成125—126题，要求删不连续3句。

125. 法航也采取了同样的策略，法航将客机内最不起眼的塑料杯从13克
A B
减轻到9.5克，就是这减掉的3.5克重量，使法航每年少排了20吨二
C D
氧化碳，在环保的同时，法航每年因此可节约大约700万美元的支出。
E F

126. 她坐在草坪上，认真地看着这个五月阳光下的世界。她突然惊奇地发
A B C
现，五月的阳光是这么地灿烂，灿烂得近乎透明。连总是灰蒙蒙的川
D E F
南天空，也显得那么的纯净，仿佛有谁用清水洗干净又刚晾干一样。
G H

华文水平测试答题卡

阅读 · 六级

姓名	

填涂要求	
	1. 请用 2B 铅笔填涂。 2. 正确填涂：■ 3. 修改时请用橡皮擦干净。 4. 请勿折叠、弄脏或弄破。

准考证号填涂区																
[0]	[0]	[0]	[0]	[0]	[0]	[0]	[0]	[0]	[0]	[0]	[0]	[0]	[0]	[0]	[0]	[0]
[1]	[1]	[1]	[1]	[1]	[1]	[1]	[1]	[1]	[1]	[1]	[1]	[1]	[1]	[1]	[1]	[1]
[2]	[2]	[2]	[2]	[2]	[2]	[2]	[2]	[2]	[2]	[2]	[2]	[2]	[2]	[2]	[2]	[2]
[3]	[3]	[3]	[3]	[3]	[3]	[3]	[3]	[3]	[3]	[3]	[3]	[3]	[3]	[3]	[3]	[3]
[4]	[4]	[4]	[4]	[4]	[4]	[4]	[4]	[4]	[4]	[4]	[4]	[4]	[4]	[4]	[4]	[4]
[5]	[5]	[5]	[5]	[5]	[5]	[5]	[5]	[5]	[5]	[5]	[5]	[5]	[5]	[5]	[5]	[5]
[6]	[6]	[6]	[6]	[6]	[6]	[6]	[6]	[6]	[6]	[6]	[6]	[6]	[6]	[6]	[6]	[6]
[7]	[7]	[7]	[7]	[7]	[7]	[7]	[7]	[7]	[7]	[7]	[7]	[7]	[7]	[7]	[7]	[7]
[8]	[8]	[8]	[8]	[8]	[8]	[8]	[8]	[8]	[8]	[8]	[8]	[8]	[8]	[8]	[8]	[8]
[9]	[9]	[9]	[9]	[9]	[9]	[9]	[9]	[9]	[9]	[9]	[9]	[9]	[9]	[9]	[9]	[9]

1	[A][B][C]	**7**	[A][B][C][D]	**13**	[A][B][C][D]	**19**	[A][B][C]	**25**	[A][B][C][D]	**31**	[A][B][C][D]	**37**	[A][B][C][D]	**43**	[A][B][C][D]	**49**	[A][B][C][D]
2	[A][B][C]	**8**	[A][B][C][D]	**14**	[A][B][C][D]	**20**	[A][B][C]	**26**	[A][B][C][D]	**32**	[A][B][C][D]	**38**	[A][B][C][D]	**44**	[A][B][C][D]	**50**	[A][B][C][D]
3	[A][B][C]	**9**	[A][B][C][D]	**15**	[A][B][C][D]	**21**	[A][B][C]	**27**	[A][B][C][D]	**33**	[A][B][C][D]	**39**	[A][B][C][D]	**45**	[A][B][C][D]	**51**	[A][B][C][D]
4	[A][B][C]	**10**	[A][B][C][D]	**16**	[A][B][C][D]	**22**	[A][B][C]	**28**	[A][B][C][D]	**34**	[A][B][C][D]	**40**	[A][B][C][D]	**46**	[A][B][C][D]	**52**	[A][B][C][D]
5	[A][B][C]	**11**	[A][B][C][D]	**17**	[A][B][C][D]	**23**	[A][B][C]	**29**	[A][B][C][D]	**35**	[A][B][C][D]	**41**	[A][B][C][D]	**47**	[A][B][C][D]	**53**	[A][B][C][D]
6	[A][B][C]	**12**	[A][B][C][D]	**18**	[A][B][C][D]	**24**	[A][B][C]	**30**	[A][B][C][D]	**36**	[A][B][C][D]	**42**	[A][B][C][D]	**48**	[A][B][C][D]	**54**	[A][B][C][D]

55	[A] [B] [C] [D] [E] [F] [G] [H] [I] [J] [K] [L] [M] [N] [O] [P] [Q] [R] [S] [T] [U] [V] [W] [X] [Y] [Z] [A] [B] [C] [D] [E] [F] [G] [H] [I] [J] [K] [L] [M] [N] [O] [P] [Q] [R] [S] [T] [U] [V] [W] [X] [Y] [Z]
56	[A] [B] [C] [D] [E] [F] [G] [H] [I] [J] [K] [L] [M] [N] [O] [P] [Q] [R] [S] [T] [U] [V] [W] [X] [Y] [Z] [A] [B] [C] [D] [E] [F] [G] [H] [I] [J] [K] [L] [M] [N] [O] [P] [Q] [R] [S] [T] [U] [V] [W] [X] [Y] [Z]
57	[A] [B] [C] [D] [E] [F] [G] [H] [I] [J] [K] [L] [M] [N] [O] [P] [Q] [R] [S] [T] [U] [V] [W] [X] [Y] [Z] [A] [B] [C] [D] [E] [F] [G] [H] [I] [J] [K] [L] [M] [N] [O] [P] [Q] [R] [S] [T] [U] [V] [W] [X] [Y] [Z]
58	[A] [B] [C] [D] [E] [F] [G] [H] [I] [J] [K] [L] [M] [N] [O] [P] [Q] [R] [S] [T] [U] [V] [W] [X] [Y] [Z] [A] [B] [C] [D] [E] [F] [G] [H] [I] [J] [K] [L] [M] [N] [O] [P] [Q] [R] [S] [T] [U] [V] [W] [X] [Y] [Z]
59	[A] [B] [C] [D] [E] [F] [G] [H] [I] [J] [K] [L] [M] [N] [O] [P] [Q] [R] [S] [T] [U] [V] [W] [X] [Y] [Z] [A] [B] [C] [D] [E] [F] [G] [H] [I] [J] [K] [L] [M] [N] [O] [P] [Q] [R] [S] [T] [U] [V] [W] [X] [Y] [Z]
60	[A] [B] [C] [D] [E] [F] [G] [H] [I] [J] [K] [L] [M] [N] [O] [P] [Q] [R] [S] [T] [U] [V] [W] [X] [Y] [Z] [A] [B] [C] [D] [E] [F] [G] [H] [I] [J] [K] [L] [M] [N] [O] [P] [Q] [R] [S] [T] [U] [V] [W] [X] [Y] [Z]
61	[A] [B] [C] [D] [E] [F] [G] [H] [I] [J] [K] [L] [M] [N] [O] [P] [Q] [R] [S] [T] [U] [V] [W] [X] [Y] [Z] [A] [B] [C] [D] [E] [F] [G] [H] [I] [J] [K] [L] [M] [N] [O] [P] [Q] [R] [S] [T] [U] [V] [W] [X] [Y] [Z] [A] [B] [C] [D] [E] [F] [G] [H]
62	[A] [B] [C] [D] [E] [F] [G] [H] [I] [J] [K] [L] [M] [N] [O] [P] [Q] [R] [S] [T] [U] [V] [W] [X] [Y] [Z] [A] [B] [C] [D] [E] [F] [G] [H] [I] [J] [K] [L] [M] [N] [O] [P] [Q] [R] [S] [T] [U] [V] [W] [X] [Y] [Z] [A] [B] [C] [D] [E] [F] [G] [H]
63	[A] [B] [C] [D] [E] [F] [G] [H] [I] [J] [K] [L] [M] [N] [O] [P] [Q] [R] [S] [T] [U] [V] [W] [X] [Y] [Z] [A] [B] [C] [D] [E] [F] [G] [H] [I] [J] [K] [L] [M] [N] [O] [P] [Q] [R] [S] [T] [U] [V] [W] [X] [Y] [Z] [A] [B] [C] [D] [E] [F] [G] [H]
64	[A] [B] [C] [D] [E] [F] [G] [H] [I] [J] [K] [L] [M] [N] [O] [P] [Q] [R] [S] [T] [U] [V] [W] [X] [Y] [Z] [A] [B] [C] [D] [E] [F] [G] [H] [I] [J] [K] [L] [M] [N] [O] [P] [Q] [R] [S] [T] [U] [V] [W] [X] [Y] [Z] [A] [B] [C] [D] [E] [F] [G] [H]
65	[A] [B] [C] [D] [E] [F] [G] [H] [I] [J] [K] [L] [M] [N] [O] [P] [Q] [R] [S] [T] [U] [V] [W] [X] [Y] [Z] [A] [B] [C] [D] [E] [F] [G] [H] [I] [J] [K] [L] [M] [N] [O] [P] [Q] [R] [S] [T] [U] [V] [W] [X] [Y] [Z] [A] [B] [C] [D] [E] [F] [G] [H]

66	[A] [B] [C] [D] [E] [F] [G] [H] [I] [J] [K] [L] [M] [N] [O] [P] [Q] [R] [S] [T] [U] [V] [W] [X] [Y] [Z] [A] [B] [C] [D] [E] [F] [G] [H] [I] [J] [K] [L] [M] [N] [O] [P] [Q] [R] [S] [T] [U] [V] [W] [X] [Y] [Z] [A] [B] [C] [D] [E] [F] [G] [H]
67	[A] [B] [C] [D] [E] [F] [G] [H] [I] [J] [K] [L] [M] [N] [O] [P] [Q] [R] [S] [T] [U] [V] [W] [X] [Y] [Z] [A] [B] [C] [D] [E] [F] [G] [H] [I] [J] [K] [L] [M] [N] [O] [P] [Q] [R] [S] [T] [U] [V] [W] [X] [Y] [Z] [A] [B] [C] [D] [E] [F] [G] [H] [I] [J] [K] [L] [M] [N] [O] [P] [Q] [R]
68	[A] [B] [C] [D] [E] [F] [G] [H] [I] [J] [K] [L] [M] [N] [O] [P] [Q] [R] [S] [T] [U] [V] [W] [X] [Y] [Z] [A] [B] [C] [D] [E] [F] [G] [H] [I] [J] [K] [L] [M] [N] [O] [P] [Q] [R] [S] [T] [U] [V] [W] [X] [Y] [Z] [A] [B] [C] [D] [E] [F] [G] [H] [I] [J] [K] [L] [M] [N] [O] [P] [Q] [R]
69	[A] [B] [C] [D] [E] [F] [G] [H] [I] [J] [K] [L] [M] [N] [O] [P] [Q] [R] [S] [T] [U] [V] [W] [X] [Y] [Z] [A] [B] [C] [D] [E] [F] [G] [H] [I] [J] [K] [L] [M] [N] [O] [P] [Q] [R] [S] [T] [U] [V] [W] [X] [Y] [Z] [A] [B] [C] [D] [E] [F] [G] [H] [I] [J] [K] [L] [M] [N] [O] [P] [Q] [R]
70	[A] [B] [C] [D] [E] [F] [G] [H] [I] [J] [K] [L] [M] [N] [O] [P] [Q] [R] [S] [T] [U] [V] [W] [X] [Y] [Z] [A] [B] [C] [D] [E] [F] [G] [H] [I] [J] [K] [L] [M] [N] [O] [P] [Q] [R] [S] [T] [U] [V] [W] [X] [Y] [Z] [A] [B] [C] [D] [E] [F] [G] [H] [I] [J] [K] [L] [M] [N] [O] [P] [Q] [R]
71	[A] [B] [C] [D] [E] [F] [G] [H] [I] [J] [K] [L] [M] [N] [O] [P] [Q] [R] [S] [T] [U] [V] [W] [X] [Y] [Z] [A] [B] [C] [D] [E] [F] [G] [H] [I] [J] [K] [L] [M] [N] [O] [P] [Q] [R] [S] [T] [U] [V] [W] [X] [Y] [Z] [A] [B] [C] [D] [E] [F] [G] [H] [I] [J] [K] [L] [M] [N] [O] [P] [Q] [R]
72	[A] [B] [C] [D] [E] [F] [G] [H] [I] [J] [K] [L] [M] [N] [O] [P] [Q] [R] [S] [T] [U] [V] [W] [X] [Y] [Z] [A] [B] [C] [D] [E] [F] [G] [H] [I] [J] [K] [L] [M] [N] [O] [P] [Q] [R] [S] [T] [U] [V] [W] [X] [Y] [Z] [A] [B] [C] [D] [E] [F] [G] [H] [I] [J] [K] [L] [M] [N] [O] [P] [Q] [R]

73	[A] [B] [C] [D] [E] [F] [G] [H] [I] [J] [K] [L] [M] [N] [O] [P] [Q] [R] [S] [T] [U] [V] [W] [X] [Y] [Z]
74	[A] [B] [C] [D] [E] [F] [G] [H] [I] [J] [K] [L] [M] [N] [O] [P] [Q] [R] [S] [T] [U] [V] [W] [X] [Y] [Z]
75	[A] [B] [C] [D] [E] [F] [G] [H] [I] [J] [K] [L] [M] [N] [O] [P] [Q] [R] [S] [T] [U] [V] [W] [X] [Y] [Z]
76	[A] [B] [C] [D] [E] [F] [G] [H] [I] [J] [K] [L] [M] [N] [O] [P] [Q] [R] [S] [T] [U] [V] [W] [X] [Y] [Z]
77	[A] [B] [C] [D] [E] [F] [G] [H] [I] [J] [K] [L] [M] [N] [O] [P] [Q] [R] [S] [T] [U] [V] [W] [X] [Y] [Z]
78	[A] [B] [C] [D] [E] [F] [G] [H] [I] [J] [K] [L] [M] [N] [O] [P] [Q] [R] [S] [T] [U] [V] [W] [X] [Y] [Z]
79	[A] [B] [C] [D] [E] [F] [G] [H] [I] [J] [K] [L] [M] [N] [O] [P] [Q] [R] [S] [T] [U] [V] [W] [X] [Y] [Z]
80	[A] [B] [C] [D] [E] [F] [G] [H] [I] [J] [K] [L] [M] [N] [O] [P] [Q] [R] [S] [T] [U] [V] [W] [X] [Y] [Z]
81	[A] [B] [C] [D] [E] [F] [G] [H] [I] [J] [K] [L] [M] [N] [O] [P] [Q] [R] [S] [T] [U] [V] [W] [X] [Y] [Z]
82	[A] [B] [C] [D] [E] [F] [G] [H] [I] [J] [K] [L] [M] [N] [O] [P] [Q] [R] [S] [T] [U] [V] [W] [X] [Y] [Z]
83	[A] [B] [C] [D] [E] [F] [G] [H] [I] [J] [K] [L] [M] [N] [O] [P] [Q] [R] [S] [T] [U] [V] [W] [X] [Y] [Z]
84	[A] [B] [C] [D] [E] [F] [G] [H] [I] [J] [K] [L] [M] [N] [O] [P] [Q] [R] [S] [T] [U] [V] [W] [X] [Y] [Z]
85	[A] [B] [C] [D] [E] [F] [G] [H] [I] [J] [K] [L] [M] [N] [O] [P] [Q] [R] [S] [T] [U] [V] [W] [X] [Y] [Z]
86	[A] [B] [C] [D] [E] [F] [G] [H] [I] [J] [K] [L] [M] [N] [O] [P] [Q] [R] [S] [T] [U] [V] [W] [X] [Y] [Z]
87	[A] [B] [C] [D] [E] [F] [G] [H] [I] [J] [K] [L] [M] [N] [O] [P] [Q] [R] [S] [T] [U] [V] [W] [X] [Y] [Z]
88	[A] [B] [C] [D] [E] [F] [G] [H] [I] [J] [K] [L] [M] [N] [O] [P] [Q] [R] [S] [T] [U] [V] [W] [X] [Y] [Z]
89	[A] [B] [C] [D] [E] [F] [G] [H] [I] [J] [K] [L] [M] [N] [O] [P] [Q] [R] [S] [T] [U] [V] [W] [X] [Y] [Z]
90	[A] [B] [C] [D] [E] [F] [G] [H] [I] [J] [K] [L] [M] [N] [O] [P] [Q] [R] [S] [T] [U] [V] [W] [X] [Y] [Z]

91	[A] [B] [C] [D] [E] [F] [G] [H] [I] [J] [K] [L] [M] [N] [O] [P] [Q] [R] [S] [T] [U] [V] [W] [X] [Y] [Z]	[a] [b] [c] [d] [e] [f]
92	[A] [B] [C] [D] [E] [F] [G] [H] [I] [J] [K] [L] [M] [N] [O] [P] [Q] [R] [S] [T] [U] [V] [W] [X] [Y] [Z]	[a] [b] [c] [d] [e] [f]
93	[A] [B] [C] [D] [E] [F] [G] [H] [I] [J] [K] [L] [M] [N] [O] [P] [Q] [R] [S] [T] [U] [V] [W] [X] [Y] [Z]	[a] [b] [c] [d] [e] [f]
94	[A] [B] [C] [D] [E] [F] [G] [H] [I] [J] [K] [L] [M] [N] [O] [P] [Q] [R] [S] [T] [U] [V] [W] [X] [Y] [Z]	[a] [b] [c] [d] [e] [f]
95	[A] [B] [C] [D] [E] [F] [G] [H] [I] [J] [K] [L] [M] [N] [O] [P] [Q] [R] [S] [T] [U] [V] [W] [X] [Y] [Z]	[a] [b] [c] [d] [e] [f]
96	[A] [B] [C] [D] [E] [F] [G] [H] [I] [J] [K] [L] [M] [N] [O] [P] [Q] [R] [S] [T] [U] [V] [W] [X] [Y] [Z]	[a] [b] [c] [d] [e] [f]
97	[A] [B] [C] [D] [E] [F] [G] [H] [I] [J] [K] [L] [M] [N] [O] [P] [Q] [R] [S] [T] [U] [V] [W] [X] [Y] [Z]	[a] [b] [c] [d] [e] [f]
98	[A] [B] [C] [D] [E] [F] [G] [H] [I] [J] [K] [L] [M] [N] [O] [P] [Q] [R] [S] [T] [U] [V] [W] [X] [Y] [Z]	[a] [b] [c] [d] [e] [f]
99	[A] [B] [C] [D] [E] [F] [G] [H] [I] [J] [K] [L] [M] [N] [O] [P] [Q] [R] [S] [T] [U] [V] [W] [X] [Y] [Z]	[a] [b] [c] [d] [e] [f]
100	[A] [B] [C] [D] [E] [F] [G] [H] [I] [J] [K] [L] [M] [N] [O] [P] [Q] [R] [S] [T] [U] [V] [W] [X] [Y] [Z]	[a] [b] [c] [d] [e] [f]
101	[A] [B] [C] [D] [E] [F] [G] [H] [I] [J] [K] [L] [M] [N] [O] [P] [Q] [R] [S] [T] [U] [V] [W] [X] [Y] [Z]	[a] [b] [c] [d] [e] [f]
102	[A] [B] [C] [D] [E] [F] [G] [H] [I] [J] [K] [L] [M] [N] [O] [P] [Q] [R] [S] [T] [U] [V] [W] [X] [Y] [Z]	[a] [b] [c] [d] [e] [f]
103	[A] [B] [C] [D] [E] [F] [G] [H] [I] [J] [K] [L] [M] [N] [O] [P] [Q] [R] [S] [T] [U] [V] [W] [X] [Y] [Z]	[a] [b] [c] [d] [e] [f]
104	[A] [B] [C] [D] [E] [F] [G] [H] [I] [J] [K] [L] [M] [N] [O] [P] [Q] [R] [S] [T] [U] [V] [W] [X] [Y] [Z]	[a] [b] [c] [d] [e] [f]
105	[A] [B] [C] [D] [E] [F] [G] [H] [I] [J] [K] [L] [M] [N] [O] [P] [Q] [R] [S] [T] [U] [V] [W] [X] [Y] [Z]	[a] [b] [c] [d] [e] [f]
106	[A] [B] [C] [D] [E] [F] [G] [H] [I] [J] [K] [L] [M] [N] [O] [P] [Q] [R] [S] [T] [U] [V] [W] [X] [Y] [Z]	[a] [b] [c] [d] [e] [f]
107	[A] [B] [C] [D] [E] [F] [G] [H] [I] [J] [K] [L] [M] [N] [O] [P] [Q] [R] [S] [T] [U] [V] [W] [X] [Y] [Z]	[a] [b] [c] [d] [e] [f]
108	[A] [B] [C] [D] [E] [F] [G] [H] [I] [J] [K] [L] [M] [N] [O] [P] [Q] [R] [S] [T] [U] [V] [W] [X] [Y] [Z]	[a] [b] [c] [d] [e] [f]

109	[A] [B] [C] [D] [E] [F] [G] [H] [I] [J] [K] [L] [M] [N] [O] [P] [Q] [R] [S] [T] [U] [V] [W] [X] [Y] [Z]
110	[A] [B] [C] [D] [E] [F] [G] [H] [I] [J] [K] [L] [M] [N] [O] [P] [Q] [R] [S] [T] [U] [V] [W] [X] [Y] [Z]
111	[A] [B] [C] [D] [E] [F] [G] [H] [I] [J] [K] [L] [M] [N] [O] [P] [Q] [R] [S] [T] [U] [V] [W] [X] [Y] [Z]
112	[A] [B] [C] [D] [E] [F] [G] [H] [I] [J] [K] [L] [M] [N] [O] [P] [Q] [R] [S] [T] [U] [V] [W] [X] [Y] [Z]
113	[A] [B] [C] [D] [E] [F] [G] [H] [I] [J] [K] [L] [M] [N] [O] [P] [Q] [R] [S] [T] [U] [V] [W] [X] [Y] [Z]
114	[A] [B] [C] [D] [E] [F] [G] [H] [I] [J] [K] [L] [M] [N] [O] [P] [Q] [R] [S] [T] [U] [V] [W] [X] [Y] [Z]

115	[A] [B] [C] [D] [E] [F] [G] [H] [I] [J]	**121**	[A] [B] [C] [D] [E] [F] [G] [H] [I] [J]
116	[A] [B] [C] [D] [E] [F] [G] [H] [I] [J]	**122**	[A] [B] [C] [D] [E] [F] [G] [H] [I] [J]
117	[A] [B] [C] [D] [E] [F] [G] [H] [I] [J]	**123**	[A] [B] [C] [D] [E] [F] [G] [H] [I] [J]
118	[A] [B] [C] [D] [E] [F] [G] [H] [I] [J]	**124**	[A] [B] [C] [D] [E] [F] [G] [H] [I] [J]
119	[A] [B] [C] [D] [E] [F] [G] [H] [I] [J]	**125**	[A] [B] [C] [D] [E] [F] [G] [H] [I] [J]
120	[A] [B] [C] [D] [E] [F] [G] [H] [I] [J]	**126**	[A] [B] [C] [D] [E] [F] [G] [H] [I] [J]

阅读·六级样卷答案

识字部分

一、	1.B	2.A	3.A	4.B	5.C	6.A
	7.B	8.C	9.B	10.A	11.D	12.C
	13.A	14.D	15.B	16.C	17.A	18.A
二、	19.C	20.A	21.C	22.A	23.B	24.B
	25.B	26.C	27.D	28.B	29.D	30.A
	31.C	32.A	33.C	34.D	35.B	36.A
三、	37.C	38.B	39.A	40.D	41.B	42.C
	43.D	44.B	45.A	46.C	47.D	48.A
	49.B	50.D	51.C	52.A	53.C	54.B

读文部分

四、 55.ELVE 56.FPVD 57.HPBI 58.GPZG 59.LVZI

60.EODK 61.IOXBG 62.JQXIO 63.HSBHO 64.KREIQ

65.RENUC 66.JTLPT 67.GLQZIO 68.DLVDMS

69.IPTDKV 70.GRXDMV 71.JQZGOW 72.JRBJUD

五、	73.D	74.H	75.C	76.M	77.L	78.W
	79.M	80.O	81.B	82.J	83.F	84.O
	85.S	86.W	87.W	88.V	89.D	90.O
六、	91.Hc	92.Ke	93.Ma	94.Db	95.Pd	96.Sf
	97.Ad	98.Oa	99.Oe	100.Ib	101.Tc	102.Xf
	103.Dc	104.Db	105.Le	106.Hf	107.Ha	108.Ud
七、	109.JKL	110.MNO	111.PQR	112.CIM	113.CIK	114.ELP
	115.B	116.C	117.C	118.H	119.BE	120.BD
	121.AD	122.AD	123.BH	124.BF	125.ACE	126.CEH

华文水平测试写作考试样卷

华文水平测试

写作·一级

（适用年龄：6 岁左右）

样　卷

暨南大学·华文考试院

中国·广州

注意事项

一、本试卷共 24 题，分两部分：

1. 写字（两大题，每大题 6 小题）

2. 作文（两大题，每大题 6 小题）

二、所有答案必须写在答题卡上，写在试卷上不得分

三、考试时间 25 分钟（含填涂答题卡）

第一部分　写字

一、听录音，按书写顺序选出你听到的汉字的部件。每题听两遍。

（第1—6题，共6题）

例： A. 井　　B. 人　　C. 云　　D. 讠

□□

解析： 你听到“讲，讲话的讲”，所以按书写顺序选“DA”。

1. A. 口　　B. 化　　C. 十　　D. 乞

□□

2. A. 八　　B. 人　　C. 刀　　D. 云

□□

3. A. 玉　　B. 宀　　C. 力　　D. 辶

□□

4. A. 力　　B. 门　　C. 日　　D. 云

□□

5. A. 礻　　B. 氵　　C. 工　　D. 乚

□□

6. A. 月　　B. 亦　　C. 立　　D. 日

□□

二、按书写顺序选出汉字的笔画。（第 7—12 题，共 6 题）

·选项可以重复使用

例：

㇒	一	㇕	丨
A	B	C	D

白________________

丶	一	丨	丿
A	B	C	D

不________________

解析：“白”的笔顺是“㇒丨㇕一一”，所以按顺序选 ADCBB；“不”的笔顺是“一丿丨丶”，所以按顺序选 BDCA。

丿	一	㇏
A	B	C

7. 天__________

一	㇒	亅
A	B	C

10. 手__________

一	㇒	丨	丶	一
A	B	C	D	E

8. 坐__________

丶	㇙	丿
A	B	C

11. 以__________

一	㇒	丶	丿	㇏	丨
A	B	C	D	E	F

9. 伞__________

一	丶	丿
A	B	C

12. 头__________

第二部分　作文

三、选字填空，使其组成两个词语。（第 13—18 题，共 6 题）

• 组词需按从左到右或从上到下的顺序

例：

A. 拉	B. 话	C. 去	D. 白	E. 奶	F. 杯	G. 来	H. 听	I. 生

好	
	见

解析： 填入"听"，能组成"好听""听见"，所以选"H"。

A. 生	B. 天	C. 快	D. 奶	E. 子	F. 动	G. 汉	H. 气	I. 车

13.

牛	
	粉

14.

	字
语	

15.

	日
活	

16.

赶	
	乐

17.

	火
汽	

18.

	虫
本	

四、将所给的选项组成句子，保证语句通顺、句意完整。（第19—24题，共6题）

• **本题型部分题目答案不唯一，答对一种即可得分。**

例： A. 我们　　B. 球　　C. 打　　D. 经常

________ ________一起________ ________。

解析： 这句话应该是："我们经常一起打球。"所以按顺序选ADCB。

19. A. 眼睛　　B. 妈妈的　　C. 真　　D. 漂亮

________ ________ ________ ________啊！

20. A. 桌子上　　B. 从　　C. 掉了下来　　D. 杯子

________突然________ ________ ________。

21. A. 里　　B. 没有　　C. 花园　　D. 了

________ ________ ________人________。

22. A. 书店　　B. 他　　C. 买　　D. 书

________去________ ________ ________。

23. A. 自己　　B. 我　　C. 错　　D. 了

________知道________ ________ ________。

24. A. 小河　　B. 门前的　　C. 没有　　D. 里

________ ________ ________ ________鱼。

华文水平测试答题卡

写作 · 一级

姓名	

填涂要求	1. 请用 2B 铅笔填涂。 2. 正确填涂：■ 3. 修改时请用橡皮擦干净。 4. 请勿折叠、弄脏或弄破。

准考证号填涂区

[0]	[0]	[0]	[0]	[0]	[0]	[0]	[0]	[0]	[0]	[0]	[0]	[0]	[0]	[0]	[0]	[0]
[1]	[1]	[1]	[1]	[1]	[1]	[1]	[1]	[1]	[1]	[1]	[1]	[1]	[1]	[1]	[1]	[1]
[2]	[2]	[2]	[2]	[2]	[2]	[2]	[2]	[2]	[2]	[2]	[2]	[2]	[2]	[2]	[2]	[2]
[3]	[3]	[3]	[3]	[3]	[3]	[3]	[3]	[3]	[3]	[3]	[3]	[3]	[3]	[3]	[3]	[3]
[4]	[4]	[4]	[4]	[4]	[4]	[4]	[4]	[4]	[4]	[4]	[4]	[4]	[4]	[4]	[4]	[4]
[5]	[5]	[5]	[5]	[5]	[5]	[5]	[5]	[5]	[5]	[5]	[5]	[5]	[5]	[5]	[5]	[5]
[6]	[6]	[6]	[6]	[6]	[6]	[6]	[6]	[6]	[6]	[6]	[6]	[6]	[6]	[6]	[6]	[6]
[7]	[7]	[7]	[7]	[7]	[7]	[7]	[7]	[7]	[7]	[7]	[7]	[7]	[7]	[7]	[7]	[7]
[8]	[8]	[8]	[8]	[8]	[8]	[8]	[8]	[8]	[8]	[8]	[8]	[8]	[8]	[8]	[8]	[8]
[9]	[9]	[9]	[9]	[9]	[9]	[9]	[9]	[9]	[9]	[9]	[9]	[9]	[9]	[9]	[9]	[9]

1	[A]	[B]	[C]	[D]	4	[A]	[B]	[C]	[D]
	[A]	[B]	[C]	[D]		[A]	[B]	[C]	[D]
2	[A]	[B]	[C]	[D]	5	[A]	[B]	[C]	[D]
	[A]	[B]	[C]	[D]		[A]	[B]	[C]	[D]
3	[A]	[B]	[C]	[D]	6	[A]	[B]	[C]	[D]
	[A]	[B]	[C]	[D]		[A]	[B]	[C]	[D]

7	[A]	[B]	[C]	[D]	[E]	[F]	[G]	[H]	10	[A]	[B]	[C]	[D]	[E]	[F]	[G]	[H]
	[A]	[B]	[C]	[D]	[E]	[F]	[G]	[H]		[A]	[B]	[C]	[D]	[E]	[F]	[G]	[H]
	[A]	[B]	[C]	[D]	[E]	[F]	[G]	[H]		[A]	[B]	[C]	[D]	[E]	[F]	[G]	[H]
	[A]	[B]	[C]	[D]	[E]	[F]	[G]	[H]		[A]	[B]	[C]	[D]	[E]	[F]	[G]	[H]
	[A]	[B]	[C]	[D]	[E]	[F]	[G]	[H]		[A]	[B]	[C]	[D]	[E]	[F]	[G]	[H]
	[A]	[B]	[C]	[D]	[E]	[F]	[G]	[H]		[A]	[B]	[C]	[D]	[E]	[F]	[G]	[H]
	[A]	[B]	[C]	[D]	[E]	[F]	[G]	[H]		[A]	[B]	[C]	[D]	[E]	[F]	[G]	[H]
	[A]	[B]	[C]	[D]	[E]	[F]	[G]	[H]		[A]	[B]	[C]	[D]	[E]	[F]	[G]	[H]
8	[A]	[B]	[C]	[D]	[E]	[F]	[G]	[H]	11	[A]	[B]	[C]	[D]	[E]	[F]	[G]	[H]
	[A]	[B]	[C]	[D]	[E]	[F]	[G]	[H]		[A]	[B]	[C]	[D]	[E]	[F]	[G]	[H]
	[A]	[B]	[C]	[D]	[E]	[F]	[G]	[H]		[A]	[B]	[C]	[D]	[E]	[F]	[G]	[H]
	[A]	[B]	[C]	[D]	[E]	[F]	[G]	[H]		[A]	[B]	[C]	[D]	[E]	[F]	[G]	[H]
	[A]	[B]	[C]	[D]	[E]	[F]	[G]	[H]		[A]	[B]	[C]	[D]	[E]	[F]	[G]	[H]
	[A]	[B]	[C]	[D]	[E]	[F]	[G]	[H]		[A]	[B]	[C]	[D]	[E]	[F]	[G]	[H]
	[A]	[B]	[C]	[D]	[E]	[F]	[G]	[H]		[A]	[B]	[C]	[D]	[E]	[F]	[G]	[H]
	[A]	[B]	[C]	[D]	[E]	[F]	[G]	[H]		[A]	[B]	[C]	[D]	[E]	[F]	[G]	[H]
9	[A]	[B]	[C]	[D]	[E]	[F]	[G]	[H]	12	[A]	[B]	[C]	[D]	[E]	[F]	[G]	[H]
	[A]	[B]	[C]	[D]	[E]	[F]	[G]	[H]		[A]	[B]	[C]	[D]	[E]	[F]	[G]	[H]
	[A]	[B]	[C]	[D]	[E]	[F]	[G]	[H]		[A]	[B]	[C]	[D]	[E]	[F]	[G]	[H]
	[A]	[B]	[C]	[D]	[E]	[F]	[G]	[H]		[A]	[B]	[C]	[D]	[E]	[F]	[G]	[H]
	[A]	[B]	[C]	[D]	[E]	[F]	[G]	[H]		[A]	[B]	[C]	[D]	[E]	[F]	[G]	[H]
	[A]	[B]	[C]	[D]	[E]	[F]	[G]	[H]		[A]	[B]	[C]	[D]	[E]	[F]	[G]	[H]
	[A]	[B]	[C]	[D]	[E]	[F]	[G]	[H]		[A]	[B]	[C]	[D]	[E]	[F]	[G]	[H]
	[A]	[B]	[C]	[D]	[E]	[F]	[G]	[H]		[A]	[B]	[C]	[D]	[E]	[F]	[G]	[H]

13	[A] [B] [C] [D] [E] [F] [G] [H] [I]
14	[A] [B] [C] [D] [E] [F] [G] [H] [I]
15	[A] [B] [C] [D] [E] [F] [G] [H] [I]
16	[A] [B] [C] [D] [E] [F] [G] [H] [I]
17	[A] [B] [C] [D] [E] [F] [G] [H] [I]
18	[A] [B] [C] [D] [E] [F] [G] [H] [I]

19	[A] [B] [C] [D] [A] [B] [C] [D] [A] [B] [C] [D] [A] [B] [C] [D]	**22**	[A] [B] [C] [D] [A] [B] [C] [D] [A] [B] [C] [D] [A] [B] [C] [D]
20	[A] [B] [C] [D] [A] [B] [C] [D] [A] [B] [C] [D] [A] [B] [C] [D]	**23**	[A] [B] [C] [D] [A] [B] [C] [D] [A] [B] [C] [D] [A] [B] [C] [D]
21	[A] [B] [C] [D] [A] [B] [C] [D] [A] [B] [C] [D] [A] [B] [C] [D]	**24**	[A] [B] [C] [D] [A] [B] [C] [D] [A] [B] [C] [D] [A] [B] [C] [D]

写作·一级样卷录音材料及答案

写字部分

一、

（一）录音材料

1. 吃，吃东西的吃　　3. 宝，宝贝的宝　　5. 江，长江的江

2. 会，我会弹琴的会　　4. 间，房间的间　　6. 明，明天的明

（二）答案

1.AD　　2.BD　　3.BA　　4.BC　　5.BC　　6.DA

二、

题号	1 画	2 画	3 画	4 画	5 画	6 画	7 画
7	B	B	A	C			
8	B	D	B	D	A	C	F
9	D	E	C	B	A	F	
10	B	A	A	C			
11	B	A	C	A			
12	B	B	A	C	B		

作文部分

三、　13.D　　14.G　　15.A　　16.C　　17.I　　18.E

四、　19.BACD　　20.DBAC　　21.CABD　　22.BACD　　23.BACD

24.BADC

华文水平测试

写作·二级

（适用年龄：8岁左右）

样　卷

暨南大学·华文考试院

中国·广州

注意事项

一、本试卷共 48 题，分两部分：

1. 写字（两大题，每大题 12 小题）

2. 作文（两大题，每大题 12 小题）

二、所有答案必须写在答题卡上，写在试卷上不得分

三、考试时间 40 分钟（含填涂答题卡）

第一部分　写字

一、听录音，按书写顺序选出你听到的汉字的部件。每题听两遍。
（第 1—12 题，共 12 题）

例：A. 井　B. 人　C. 云　D. 讠

解析：你听到"讲，讲话的讲"，所以按书写顺序选"DA"。

1. A. 扌　B. 忄　C. 亡　D. 也

2. A. 月　B. 日　C. 讠　D. 寸

3. A. 𠂇　B. 口　C. 夫　D. 日

4. A. 门　B. 忄　C. 白　D. 口

5. A. 丬　B. 文　C. 丬　D. 士

6. A. 日　B. 女　C. 且　D. 十

7. A. 氵　　B. 扌　　C. 目　　D. 巴

8. A. 口　　B. 亻　　C. 以　　D. 共

9. A. 夂　　B. 氏　　C. 田　　D. 日

10. A. 罒　　B. 艹　　C. 早　　D. 木

11. A. 日　　B. 耂　　C. 丂　　D. 光

12. A. 钅　　B. 戋　　C. 广　　D. 车

二、按书写顺序选出汉字的笔画。（第 13—24 题，共 12 题）

• 选项可以重复使用

例：

㇒	一	㇕	丨
A	B	C	D

白________________

丶	一	丨	㇒
A	B	C	D

不________________

解析：“白”的笔顺是“㇒丨㇕一一”，所以按顺序选 ADCBB；“不”的笔顺是“一㇒丨丶”，所以按顺序选 BDCA。

一	丶	丿	丨
A	B	C	D

13. 羊________

一	丿	丶	㇀	亅
A	B	C	D	E

14. 乐________

一	丶	丿	㇓	丨	㇈
A	B	C	D	E	F

15. 机________

丿	一	㇕	丨
A	B	C	D

16. 石________

丿	丶	㇏
A	B	C

17. 从________

亅	㇇	丶	㇀	丿	㇏
A	B	C	D	E	F

18. 冰________

一	丨	丶	丿	一
A	B	C	D	E

19. 壮________

丨	㇕	一	丿	㇆
A	B	C	D	E

20. 另________

丿	㇇	丿	㇆	一	㇄
A	B	C	D	E	F

21. 危________

丿	丶	㇆	㇀
A	B	C	D

22. 匀________

丿	㇙	一	丨	㇆
A	B	C	D	E

23. 印________

㇆	丿	一
A	B	C

24. 历________

第二部分　作文

三、选字填空，使其组成两个词语。（第 25—36 题，共 18 题）

• **组词需按从左到右或从上到下的顺序**

例： A. 拉　B. 话　C. 去　D. 白　E. 奶　F. 杯　G. 来　H. 听　I. 生

好	
	见

解析： 填入“听”，能组成“好听”“听见”，所以选“H”。

A. 水　B. 中　C. 急　D. 时　E. 地　F. 家　G. 双　H. 白　I. 园

25.

着	
	忙

28.

草	
	方

26.

	午
间	

29.

	公
花	

27.

	天
云	

30.

	回
大	

A. 围	B. 梦	C. 于	D. 议	E. 调	F. 单	G. 摇	H. 礼	I. 报

31.

范	
	巾

32.

	晃
篮	

33.

	名
纸	

34.

空	
	皮

35.

	简
床	

36.

	等
终	

四、将所给的选项组成句子，保证语句通顺、句意完整。（第37—48题，共18题）

• **本题型部分题目答案不唯一，答对一种即可得分。**

例： A. 我们　B. 球　C. 打　D. 经常

______ ______一起______ ______。

解析： 这句话应该是："我们经常一起打球。"所以按顺序选ADCB。

37. A. 地　B. 妈妈　C. 笑　D. 开心

______ ______ ______ ______了。

38. A. 公园　B. 让　C. 我们　D. 去

______ ______ ______ ______看看。

39. A. 可爱　B. 小鸡　C. 这些　D. 啊

______ ______真______ ______！

40. A. 是　　B. 的　　C. 你　　D. 生日

______ ______ ______ ______哪一天？

41. A. 小店　　B. 雨伞　　C. 不卖　　D. 这里的

______ ______都______ ______。

42. A. 我们　　B. 呢　　C. 新　　D. 汽车

______的______ ______ ______？

43. A. 吃梨　　B. 没有了　　C. 但　　D. 弟弟　　E. 想

______ ______ ______，______家里______。

44. A. 我们　　B. 开　　C. 上午　　D. 今天　　E. 运动会

______ ______，______光明小学______ ______。

45. A. 欢呼起来　　B. 在　　C. 孩子们　　D. 大声　　E. 太棒了

______！______ ______教室里______ ______。

46. A. 猪妈妈　　B. 给了　　C. 把　　D. 手机　　E. 新买的

猪爸爸______ ______ ______ ______ ______。

47. A. 这件　　B. 舒服　　C. 衣服　　D. 不是　　E. 很

______ ______穿起来______ ______ ______。

48. A. 来到了　　B. 广场　　C. 一起　　D. 风筝　　E. 我拿着

______ ______和爸爸______ ______ ______。

华文水平测试答题卡

写作 · 二级

姓名	

填涂要求	1. 请用 2B 铅笔填涂。 2. 正确填涂：■ 3. 修改时请用橡皮擦干净。 4. 请勿折叠、弄脏或弄破。

准考证号填涂区																
[0]	[0]	[0]	[0]	[0]	[0]	[0]	[0]	[0]	[0]	[0]	[0]	[0]	[0]	[0]	[0]	[0]
[1]	[1]	[1]	[1]	[1]	[1]	[1]	[1]	[1]	[1]	[1]	[1]	[1]	[1]	[1]	[1]	[1]
[2]	[2]	[2]	[2]	[2]	[2]	[2]	[2]	[2]	[2]	[2]	[2]	[2]	[2]	[2]	[2]	[2]
[3]	[3]	[3]	[3]	[3]	[3]	[3]	[3]	[3]	[3]	[3]	[3]	[3]	[3]	[3]	[3]	[3]
[4]	[4]	[4]	[4]	[4]	[4]	[4]	[4]	[4]	[4]	[4]	[4]	[4]	[4]	[4]	[4]	[4]
[5]	[5]	[5]	[5]	[5]	[5]	[5]	[5]	[5]	[5]	[5]	[5]	[5]	[5]	[5]	[5]	[5]
[6]	[6]	[6]	[6]	[6]	[6]	[6]	[6]	[6]	[6]	[6]	[6]	[6]	[6]	[6]	[6]	[6]
[7]	[7]	[7]	[7]	[7]	[7]	[7]	[7]	[7]	[7]	[7]	[7]	[7]	[7]	[7]	[7]	[7]
[8]	[8]	[8]	[8]	[8]	[8]	[8]	[8]	[8]	[8]	[8]	[8]	[8]	[8]	[8]	[8]	[8]
[9]	[9]	[9]	[9]	[9]	[9]	[9]	[9]	[9]	[9]	[9]	[9]	[9]	[9]	[9]	[9]	[9]

1	[A]	[B]	[C]	[D]	7	[A]	[B]	[C]	[D]
	[A]	[B]	[C]	[D]		[A]	[B]	[C]	[D]
2	[A]	[B]	[C]	[D]	8	[A]	[B]	[C]	[D]
	[A]	[B]	[C]	[D]		[A]	[B]	[C]	[D]
3	[A]	[B]	[C]	[D]	9	[A]	[B]	[C]	[D]
	[A]	[B]	[C]	[D]		[A]	[B]	[C]	[D]
4	[A]	[B]	[C]	[D]	10	[A]	[B]	[C]	[D]
	[A]	[B]	[C]	[D]		[A]	[B]	[C]	[D]
5	[A]	[B]	[C]	[D]	11	[A]	[B]	[C]	[D]
	[A]	[B]	[C]	[D]		[A]	[B]	[C]	[D]
6	[A]	[B]	[C]	[D]	12	[A]	[B]	[C]	[D]
	[A]	[B]	[C]	[D]		[A]	[B]	[C]	[D]

13	[A]	[B]	[C]	[D]	[E]	[F]	[G]	[H]	16	[A]	[B]	[C]	[D]	[E]	[F]	[G]	[H]
	[A]	[B]	[C]	[D]	[E]	[F]	[G]	[H]		[A]	[B]	[C]	[D]	[E]	[F]	[G]	[H]
	[A]	[B]	[C]	[D]	[E]	[F]	[G]	[H]		[A]	[B]	[C]	[D]	[E]	[F]	[G]	[H]
	[A]	[B]	[C]	[D]	[E]	[F]	[G]	[H]		[A]	[B]	[C]	[D]	[E]	[F]	[G]	[H]
	[A]	[B]	[C]	[D]	[E]	[F]	[G]	[H]		[A]	[B]	[C]	[D]	[E]	[F]	[G]	[H]
	[A]	[B]	[C]	[D]	[E]	[F]	[G]	[H]		[A]	[B]	[C]	[D]	[E]	[F]	[G]	[H]
	[A]	[B]	[C]	[D]	[E]	[F]	[G]	[H]		[A]	[B]	[C]	[D]	[E]	[F]	[G]	[H]
	[A]	[B]	[C]	[D]	[E]	[F]	[G]	[H]		[A]	[B]	[C]	[D]	[E]	[F]	[G]	[H]
14	[A]	[B]	[C]	[D]	[E]	[F]	[G]	[H]	17	[A]	[B]	[C]	[D]	[E]	[F]	[G]	[H]
	[A]	[B]	[C]	[D]	[E]	[F]	[G]	[H]		[A]	[B]	[C]	[D]	[E]	[F]	[G]	[H]
	[A]	[B]	[C]	[D]	[E]	[F]	[G]	[H]		[A]	[B]	[C]	[D]	[E]	[F]	[G]	[H]
	[A]	[B]	[C]	[D]	[E]	[F]	[G]	[H]		[A]	[B]	[C]	[D]	[E]	[F]	[G]	[H]
	[A]	[B]	[C]	[D]	[E]	[F]	[G]	[H]		[A]	[B]	[C]	[D]	[E]	[F]	[G]	[H]
	[A]	[B]	[C]	[D]	[E]	[F]	[G]	[H]		[A]	[B]	[C]	[D]	[E]	[F]	[G]	[H]
	[A]	[B]	[C]	[D]	[E]	[F]	[G]	[H]		[A]	[B]	[C]	[D]	[E]	[F]	[G]	[H]
	[A]	[B]	[C]	[D]	[E]	[F]	[G]	[H]		[A]	[B]	[C]	[D]	[E]	[F]	[G]	[H]
15	[A]	[B]	[C]	[D]	[E]	[F]	[G]	[H]	18	[A]	[B]	[C]	[D]	[E]	[F]	[G]	[H]
	[A]	[B]	[C]	[D]	[E]	[F]	[G]	[H]		[A]	[B]	[C]	[D]	[E]	[F]	[G]	[H]
	[A]	[B]	[C]	[D]	[E]	[F]	[G]	[H]		[A]	[B]	[C]	[D]	[E]	[F]	[G]	[H]
	[A]	[B]	[C]	[D]	[E]	[F]	[G]	[H]		[A]	[B]	[C]	[D]	[E]	[F]	[G]	[H]
	[A]	[B]	[C]	[D]	[E]	[F]	[G]	[H]		[A]	[B]	[C]	[D]	[E]	[F]	[G]	[H]
	[A]	[B]	[C]	[D]	[E]	[F]	[G]	[H]		[A]	[B]	[C]	[D]	[E]	[F]	[G]	[H]
	[A]	[B]	[C]	[D]	[E]	[F]	[G]	[H]		[A]	[B]	[C]	[D]	[E]	[F]	[G]	[H]
	[A]	[B]	[C]	[D]	[E]	[F]	[G]	[H]		[A]	[B]	[C]	[D]	[E]	[F]	[G]	[H]

19	[A] [B] [C] [D] [E] [F] [G] [H]	22	[A] [B] [C] [D] [E] [F] [G] [H]
	[A] [B] [C] [D] [E] [F] [G] [H]		[A] [B] [C] [D] [E] [F] [G] [H]
	[A] [B] [C] [D] [E] [F] [G] [H]		[A] [B] [C] [D] [E] [F] [G] [H]
	[A] [B] [C] [D] [E] [F] [G] [H]		[A] [B] [C] [D] [E] [F] [G] [H]
	[A] [B] [C] [D] [E] [F] [G] [H]		[A] [B] [C] [D] [E] [F] [G] [H]
	[A] [B] [C] [D] [E] [F] [G] [H]		[A] [B] [C] [D] [E] [F] [G] [H]
	[A] [B] [C] [D] [E] [F] [G] [H]		[A] [B] [C] [D] [E] [F] [G] [H]
	[A] [B] [C] [D] [E] [F] [G] [H]		[A] [B] [C] [D] [E] [F] [G] [H]
20	[A] [B] [C] [D] [E] [F] [G] [H]	23	[A] [B] [C] [D] [E] [F] [G] [H]
	[A] [B] [C] [D] [E] [F] [G] [H]		[A] [B] [C] [D] [E] [F] [G] [H]
	[A] [B] [C] [D] [E] [F] [G] [H]		[A] [B] [C] [D] [E] [F] [G] [H]
	[A] [B] [C] [D] [E] [F] [G] [H]		[A] [B] [C] [D] [E] [F] [G] [H]
	[A] [B] [C] [D] [E] [F] [G] [H]		[A] [B] [C] [D] [E] [F] [G] [H]
	[A] [B] [C] [D] [E] [F] [G] [H]		[A] [B] [C] [D] [E] [F] [G] [H]
	[A] [B] [C] [D] [E] [F] [G] [H]		[A] [B] [C] [D] [E] [F] [G] [H]
	[A] [B] [C] [D] [E] [F] [G] [H]		[A] [B] [C] [D] [E] [F] [G] [H]
21	[A] [B] [C] [D] [E] [F] [G] [H]	24	[A] [B] [C] [D] [E] [F] [G] [H]
	[A] [B] [C] [D] [E] [F] [G] [H]		[A] [B] [C] [D] [E] [F] [G] [H]
	[A] [B] [C] [D] [E] [F] [G] [H]		[A] [B] [C] [D] [E] [F] [G] [H]
	[A] [B] [C] [D] [E] [F] [G] [H]		[A] [B] [C] [D] [E] [F] [G] [H]
	[A] [B] [C] [D] [E] [F] [G] [H]		[A] [B] [C] [D] [E] [F] [G] [H]
	[A] [B] [C] [D] [E] [F] [G] [H]		[A] [B] [C] [D] [E] [F] [G] [H]
	[A] [B] [C] [D] [E] [F] [G] [H]		[A] [B] [C] [D] [E] [F] [G] [H]
	[A] [B] [C] [D] [E] [F] [G] [H]		[A] [B] [C] [D] [E] [F] [G] [H]

25	[A] [B] [C] [D] [E] [F] [G] [H] [I]
26	[A] [B] [C] [D] [E] [F] [G] [H] [I]
27	[A] [B] [C] [D] [E] [F] [G] [H] [I]
28	[A] [B] [C] [D] [E] [F] [G] [H] [I]
29	[A] [B] [C] [D] [E] [F] [G] [H] [I]
30	[A] [B] [C] [D] [E] [F] [G] [H] [I]
31	[A] [B] [C] [D] [E] [F] [G] [H] [I]
32	[A] [B] [C] [D] [E] [F] [G] [H] [I]
33	[A] [B] [C] [D] [E] [F] [G] [H] [I]
34	[A] [B] [C] [D] [E] [F] [G] [H] [I]
35	[A] [B] [C] [D] [E] [F] [G] [H] [I]
36	[A] [B] [C] [D] [E] [F] [G] [H] [I]

37	[A] [B] [C] [D] [A] [B] [C] [D] [A] [B] [C] [D] [A] [B] [C] [D]	**43**	[A] [B] [C] [D] [E] [A] [B] [C] [D] [E] [A] [B] [C] [D] [E] [A] [B] [C] [D] [E] [A] [B] [C] [D] [E]
38	[A] [B] [C] [D] [A] [B] [C] [D] [A] [B] [C] [D] [A] [B] [C] [D]	**44**	[A] [B] [C] [D] [E] [A] [B] [C] [D] [E] [A] [B] [C] [D] [E] [A] [B] [C] [D] [E] [A] [B] [C] [D] [E]
39	[A] [B] [C] [D] [A] [B] [C] [D] [A] [B] [C] [D] [A] [B] [C] [D]	**45**	[A] [B] [C] [D] [E] [A] [B] [C] [D] [E] [A] [B] [C] [D] [E] [A] [B] [C] [D] [E] [A] [B] [C] [D] [E]
40	[A] [B] [C] [D] [A] [B] [C] [D] [A] [B] [C] [D] [A] [B] [C] [D]	**46**	[A] [B] [C] [D] [E] [A] [B] [C] [D] [E] [A] [B] [C] [D] [E] [A] [B] [C] [D] [E] [A] [B] [C] [D] [E]
41	[A] [B] [C] [D] [A] [B] [C] [D] [A] [B] [C] [D] [A] [B] [C] [D]	**47**	[A] [B] [C] [D] [E] [A] [B] [C] [D] [E] [A] [B] [C] [D] [E] [A] [B] [C] [D] [E] [A] [B] [C] [D] [E]
42	[A] [B] [C] [D] [A] [B] [C] [D] [A] [B] [C] [D] [A] [B] [C] [D]	**48**	[A] [B] [C] [D] [E] [A] [B] [C] [D] [E] [A] [B] [C] [D] [E] [A] [B] [C] [D] [E] [A] [B] [C] [D] [E]

写作·二级样卷录音材料及答案

写字部分

一、

（一）录音材料

1. 忙，急忙的忙　　5. 收，收书包的收　　9. 备，准备的备

2. 明，聪明的明　　6. 姐，姐姐的姐　　10. 草，草地的草

3. 右，右边的右　　7. 泪，眼泪的泪　　11. 考，考试的考

4. 怕，害怕的怕　　8. 哄，哄孩子的哄　　12. 钱，钱包的钱

（二）答案

1.BC　2.BA　3.AB　4.BC　5.AB　6.BC

7.AC　8.AD　9.AC　10.BC　11.BC　12.AB

二、

题号	1 画	2 画	3 画	4 画	5 画	6 画	7 画
13	B	C	A	A	A	D	
14	A	D	E	B	C		
15	A	E	C	B	D	F	
16	B	A	D	C	B		
17	A	B	A	C			
18	C	D	A	B	E	F	
19	C	D	B	A	B	E	

题号	1画	2画	3画	4画	5画	6画	7画
20	A	B	C	E	D		
21	A	B	E	C	D	F	
22	A	C	B	D			
23	A	B	C	E	D		
24	C	B	A	B			

作文部分

三、 25.C　26.B　27.H　28.E　29.I　30.F

31.A　32.G　33.I　34.E　35.F　36.C

四、 37.BDAC　38.BCDA　39.CBAD　40.CBDA　41.DACB

42.ACDB　43.DEACB　44.DCABE　45.ECBDA

46.CEDBA　47.ACDEB　48.EDCAB

华文水平测试

写作 · 三级

（适用年龄：10 岁左右）

样　卷

暨南大学•华文考试院

中国•广州

注意事项

一、本试卷共 72 题，分两部分：

1. 写字（一大题，每大题 18 小题）

2. 作文（三大题，每大题 18 小题）

二、所有答案必须写在答题卡上，写在试卷上不得分

三、考试时间 60 分钟（含填涂答题卡）

第一部分　写字

一、听录音，按书写顺序选出你听到的汉字的部件。每题听两遍。
（第 1—18 题，共 18 题）

例： A. 井　B. 人　C. 云　D. 又　E. 氵　F. 讠

（1）　　　　（2）

解析： 你听到“讲，讲话的讲”“汉，汉语的汉”，所以按书写顺序选“FA”“ED”。

1. A. 夕　B. 亻　C. 口　D. 门

2. A. 讠　B. 氵　C. 千　D. 寸

3. A. 辶　B. 厶　C. 口　D. 力

4. A. 木　B. 几　C. 氵　D. 包

5. A. 刂　B. 广　C. 大　D. 另

6. A. 马　B. 女　C. 宀　D. 豕

7. A. 亻　　B. 白　　C. 昌　　D. 口

8. A. 宀　　B. 亻　　C. 头　　D. 专

9. A. 扌　　B. 冫　　C. 斤　　D. 东

10. A. 忄　　B. 不　　C. 广　　D. 木

11. A. 户　　B. 方　　C. 毛　　D. ⺮

12. A. 里　　B. 𤣩　　C. 采　　D. 彡

13. A. 扌　　B. 亻　　C. 弋　　D. 寸　　E. 巳　　F. 安

(1)　　　　(2)

14. A. 口　　B. 心　　C. 习　　D. 耂　　E. 亚　　F. 匕

(1)　　　　(2)

15. A. 击　　B. 月　　C. 阝　　D. 交　　E. 则　　F. 氵

(1)　　　　(2)

16. A. 广　　B. 饣　　C. 𠂉　　D. 发　　E. 小　　F. 几

(1)		

(2)		

17. A. 钅　　B. 艹　　C. 犭　　D. 方　　E. 交　　F. 勺

(1)		

(2)		

18. A. ⺶　　B. 自　　C. 火　　D. 少　　E. 皿　　F. 犬

(1)		

(2)		

第二部分　作文

二、选字填空，使其组成两个词语。（第19—36题，共18题）

• **组词需按从左到右或从上到下的顺序**

例： A. 拉　B. 话　C. 去　D. 白　E. 奶　F. 杯　G. 来　H. 听　I. 生

好	
	见

解析： 填入"听"，能组成"好听""听见"，所以选"H"。

A. 来　B. 生　C. 子　D. 月　E. 声　F. 医　G. 回　H. 也　I. 第

19.

学	
	气

20.

	头
家	

21.

	院
生	

22.

大	
	音

23.

	原
进	

24.

	杯
被	

A. 童　B. 状　C. 传　D. 字　E. 年　F. 号　G. 富　H. 伤　I. 场

25.

拜	
	级

26.

	口
心	

27.

	典
母	

28.

儿	
	话

29.

	市
商	

30.

	形
奖	

A. 难　B. 圆　C. 投　D. 灵　E. 惊　F. 置　G. 妙　H. 复　I. 装

31.

重	
	制

32.

	篮
降	

33.

	巧
活	

34.

困	
	受

35.

	布
位	

36.

	奇
美	

三、将所给的选项组成句子，保证语句通顺、句意完整。（第37—54题，共18题）

• **本题型部分题目答案不唯一，答对一种即可得分。**

> **例：** A. 我们　　B. 球　　C. 打　　D. 经常
>
> ______ ______一起______ ______。
>
> **解析：** 这句话应该是：“我们经常一起打球。”所以按顺序选ADCB。

37. A. 朋友　　B. 好　　C. 我　　D. 有

______ ______四个______ ______。

38. A. 在　　B. 小鸟　　C. 的　　D. 大树上

______ ______家______ ______。

39. A. 老虎　　B. 看　　C. 要不要　　D. 动物园

______去______ ______ ______？

40. A. 桌子　　B. 照片　　C. 妹妹的　　D. 上

______ ______放着______ ______。

41. A. 吧　　B. 我们　　C. 去　　D. 洗

______ ______ ______手______。

42. A. 弟弟　　B. 上　　C. 草地　　D. 玩

______想去______ ______ ______。

43. A. 我们　　B. 到　　C. 问题　　D. 遇　　E. 了

______ ______ ______ ______一个______。

44. A. 一桌子　　B. 的　　C. 他　　D. 炒了　　E. 菜

______给我们______ ______ ______ ______。

45. A. 了　B. 削　C. 他　D. 铅笔　E. 把

______ ______ ______ ______好______。

46. A. 小青蛙　B. 下　C. 在　D. 荷叶　E. 一片

______躲______ ______ ______ ______。

47. A. 快乐　B. 变得　C. 国王　D. 好了　E. 很

______病______，______ ______ ______。

48. A. 春游　B. 小伙伴们　C. 看到的春天　D. 画下来　E. 把

______想去______，______ ______ ______。

49. A. 害羞地　B. 树叶　C. 大树的话　D. 后　E. 头　F. 低下了

听了______ ______，______ ______ ______ ______。

50. A. 来了　B. 爸爸给　C. 盼着　D. 春节　E. 红包　F. 大

______ ______，我______ ______ ______ ______。

51. A. 热烈　B. 鼓掌　C. 他讲得　D. 我们　E. 太好了　F. 地

______ ______，______都______ ______ ______。

52. A. 跨　B. 他　C. 得　D. 的　E. 步子　F. 真大

______ ______ ______ ______ ______可______。

53. A. 辛苦　B. 但　C. 虽然　D. 坚持　E. 大家　F. 都在

______训练______，______ ______ ______ ______。

54. A. 她　B. 别人来　C. 都在　D. 帮忙　E. 等　F. 着

______永远______ ______ ______ ______ ______。

四、将所给的选项组成语段，保证语义连贯、逻辑清晰。（第55—72题，共18题）

例：A. 妈妈给他买了很多好吃的
B. 后天是明明的生日
C. 还买了新衣服
______，______，______，他高兴极了。

解析：这段话应该是："后天是明明的生日，妈妈给他买了很多好吃的，还买了新衣服，他高兴极了。"所以按顺序选BAC。

55. A. 住着一群可爱的小动物
B. 它们快乐地生活在一起
C. 在一个美丽的大森林里
很久很久以前，______，______，______。

56. A. 妈妈问爸爸
B. 爸爸笑着说
C. 带吃的了吗
______："______？"______："我带了呀。"

57. A. 兔妈妈出去了
B. 它一点儿都不开心
C. 让小白兔自己在家
______，______。______，想妈妈快点儿回来。

58. A. 还有一个美丽的花园
B. 森林里住着一只可爱的小兔子
C. 它有一间白色的木屋
______，______，______，小兔子经常和朋友们到花园里玩。

59. A. 大家很高兴

B. 都想快点儿见到新朋友

C. 今天有一个新朋友要来幼儿园

老师告诉大家，______，______，______。

60. A. 妹妹特别喜欢

B. 妹妹的生日到了

C. 妈妈给她买了一条小裙子

______，______，______，每天都想穿着去上学！

61. A. 又望着教学楼向我们问好

B. 它像娃娃一样伸了个懒腰

C. 小草被春天叫醒了

______，______，望着天空向太阳问好，______。

62. A. 可怎么也找不到

B. 妈妈想把电风扇找出来

C. 夏天到了

______，屋子里越来越热，______，______。

63. A. 他有点儿害怕

B. 爸爸妈妈带我们去游泳

C. 这是弟弟第一次游泳

今天天气很好，______，______，______。

64. A. 山上有一个果园

B. 树上结满橘子

C. 有成片的果树

______，______，______，像一个个小灯笼。

65. A. 他们走着走着

B. 梨子又大又香

C. 看见有人在卖梨

______，______，______，于是就买了一些。

66. A. 你要去哪里

B. 小狗就往门外跑

C. 刚起床

______，______，小兔子问它：“______？”

67. A. 就很少跟我玩儿了

B. 也没时间看漫画

C. 不仅没时间踢足球

D. 表哥上高中后

______，______。他一放学就要写作业，______，______。

68. A. 也有多处讲到“思”的重要性

B. 其中多处讲到“学”的重要性

C. 并认为应该将两者结合起来

D. 我们读《论语》时会发现

______，______，______，______，这对我们的学习很有帮助。

69. A. 要反思自己是不是也存在这样的情况

B. 看到别人身上的优点

C. 看到别人身上的不足

D. 应该主动向他们学习

______，______。______，______，如果有，就赶紧改正。

70. A. 给大地披上银色的衣裳

B. 红梅也在雪中静静开放

C. 北风带来片片雪花

D. 散发出阵阵幽香

冬天的山林宁静而美丽，______，______；______，______。

71. A. 森林里的小动物们纷纷来到大树下

B. 秋天到了

C. 一边轻轻地唱道

D. 一边绕着大树跳舞

______，______，______，______：“树枝摇摇，树叶飘飘。”

72. A. “请张大嘴。”医生温柔地要求

B. 好了，你的牙齿很健康

C. 医生仔细地帮她检查完牙齿

D. 于是小奇听话地把嘴张开

______，______。______，然后高兴地告诉她：“______。”

华文水平测试答题卡

写作 · 三级

姓名	

填涂要求	1. 请用 2B 铅笔填涂。 2. 正确填涂：■ 3. 修改时请用橡皮擦干净。 4. 请勿折叠、弄脏或弄破。

准考证号填涂区																
[0]	[0]	[0]	[0]	[0]	[0]	[0]	[0]	[0]	[0]	[0]	[0]	[0]	[0]	[0]	[0]	[0]
[1]	[1]	[1]	[1]	[1]	[1]	[1]	[1]	[1]	[1]	[1]	[1]	[1]	[1]	[1]	[1]	[1]
[2]	[2]	[2]	[2]	[2]	[2]	[2]	[2]	[2]	[2]	[2]	[2]	[2]	[2]	[2]	[2]	[2]
[3]	[3]	[3]	[3]	[3]	[3]	[3]	[3]	[3]	[3]	[3]	[3]	[3]	[3]	[3]	[3]	[3]
[4]	[4]	[4]	[4]	[4]	[4]	[4]	[4]	[4]	[4]	[4]	[4]	[4]	[4]	[4]	[4]	[4]
[5]	[5]	[5]	[5]	[5]	[5]	[5]	[5]	[5]	[5]	[5]	[5]	[5]	[5]	[5]	[5]	[5]
[6]	[6]	[6]	[6]	[6]	[6]	[6]	[6]	[6]	[6]	[6]	[6]	[6]	[6]	[6]	[6]	[6]
[7]	[7]	[7]	[7]	[7]	[7]	[7]	[7]	[7]	[7]	[7]	[7]	[7]	[7]	[7]	[7]	[7]
[8]	[8]	[8]	[8]	[8]	[8]	[8]	[8]	[8]	[8]	[8]	[8]	[8]	[8]	[8]	[8]	[8]
[9]	[9]	[9]	[9]	[9]	[9]	[9]	[9]	[9]	[9]	[9]	[9]	[9]	[9]	[9]	[9]	[9]

1	[A] [B] [C] [D] [A] [B] [C] [D]	10	[A] [B] [C] [D] [A] [B] [C] [D]
2	[A] [B] [C] [D] [A] [B] [C] [D]	11	[A] [B] [C] [D] [A] [B] [C] [D]
3	[A] [B] [C] [D] [A] [B] [C] [D]	12	[A] [B] [C] [D] [A] [B] [C] [D]
4	[A] [B] [C] [D] [A] [B] [C] [D]	13	[A] [B] [C] [D] [E] [F] [A] [B] [C] [D] [E] [F] [A] [B] [C] [D] [E] [F] [A] [B] [C] [D] [E] [F]
5	[A] [B] [C] [D] [A] [B] [C] [D]	14	[A] [B] [C] [D] [E] [F] [A] [B] [C] [D] [E] [F] [A] [B] [C] [D] [E] [F] [A] [B] [C] [D] [E] [F]
6	[A] [B] [C] [D] [A] [B] [C] [D]	15	[A] [B] [C] [D] [E] [F] [A] [B] [C] [D] [E] [F] [A] [B] [C] [D] [E] [F] [A] [B] [C] [D] [E] [F]
7	[A] [B] [C] [D] [A] [B] [C] [D]	16	[A] [B] [C] [D] [E] [F] [A] [B] [C] [D] [E] [F] [A] [B] [C] [D] [E] [F] [A] [B] [C] [D] [E] [F]
8	[A] [B] [C] [D] [A] [B] [C] [D]	17	[A] [B] [C] [D] [E] [F] [A] [B] [C] [D] [E] [F] [A] [B] [C] [D] [E] [F] [A] [B] [C] [D] [E] [F]
9	[A] [B] [C] [D] [A] [B] [C] [D]	18	[A] [B] [C] [D] [E] [F] [A] [B] [C] [D] [E] [F] [A] [B] [C] [D] [E] [F] [A] [B] [C] [D] [E] [F]

19	[A] [B] [C] [D] [E] [F] [G] [H] [I]
20	[A] [B] [C] [D] [E] [F] [G] [H] [I]
21	[A] [B] [C] [D] [E] [F] [G] [H] [I]
22	[A] [B] [C] [D] [E] [F] [G] [H] [I]
23	[A] [B] [C] [D] [E] [F] [G] [H] [I]
24	[A] [B] [C] [D] [E] [F] [G] [H] [I]
25	[A] [B] [C] [D] [E] [F] [G] [H] [I]
26	[A] [B] [C] [D] [E] [F] [G] [H] [I]
27	[A] [B] [C] [D] [E] [F] [G] [H] [I]

28	[A] [B] [C] [D] [E] [F] [G] [H] [I]
29	[A] [B] [C] [D] [E] [F] [G] [H] [I]
30	[A] [B] [C] [D] [E] [F] [G] [H] [I]
31	[A] [B] [C] [D] [E] [F] [G] [H] [I]
32	[A] [B] [C] [D] [E] [F] [G] [H] [I]
33	[A] [B] [C] [D] [E] [F] [G] [H] [I]
34	[A] [B] [C] [D] [E] [F] [G] [H] [I]
35	[A] [B] [C] [D] [E] [F] [G] [H] [I]
36	[A] [B] [C] [D] [E] [F] [G] [H] [I]

37	[A] [B] [C] [D] [A] [B] [C] [D] [A] [B] [C] [D] [A] [B] [C] [D]	45	[A] [B] [C] [D] [E] [A] [B] [C] [D] [E] [A] [B] [C] [D] [E] [A] [B] [C] [D] [E] [A] [B] [C] [D] [E]
38	[A] [B] [C] [D] [A] [B] [C] [D] [A] [B] [C] [D] [A] [B] [C] [D]	46	[A] [B] [C] [D] [E] [A] [B] [C] [D] [E] [A] [B] [C] [D] [E] [A] [B] [C] [D] [E] [A] [B] [C] [D] [E]
39	[A] [B] [C] [D] [A] [B] [C] [D] [A] [B] [C] [D] [A] [B] [C] [D]	47	[A] [B] [C] [D] [E] [A] [B] [C] [D] [E] [A] [B] [C] [D] [E] [A] [B] [C] [D] [E] [A] [B] [C] [D] [E]
40	[A] [B] [C] [D] [A] [B] [C] [D] [A] [B] [C] [D] [A] [B] [C] [D]	48	[A] [B] [C] [D] [E] [A] [B] [C] [D] [E] [A] [B] [C] [D] [E] [A] [B] [C] [D] [E] [A] [B] [C] [D] [E]
41	[A] [B] [C] [D] [A] [B] [C] [D] [A] [B] [C] [D] [A] [B] [C] [D]	49	[A] [B] [C] [D] [E] [F] [A] [B] [C] [D] [E] [F] [A] [B] [C] [D] [E] [F] [A] [B] [C] [D] [E] [F] [A] [B] [C] [D] [E] [F] [A] [B] [C] [D] [E] [F]
42	[A] [B] [C] [D] [A] [B] [C] [D] [A] [B] [C] [D] [A] [B] [C] [D]	50	[A] [B] [C] [D] [E] [F] [A] [B] [C] [D] [E] [F] [A] [B] [C] [D] [E] [F] [A] [B] [C] [D] [E] [F] [A] [B] [C] [D] [E] [F] [A] [B] [C] [D] [E] [F]
43	[A] [B] [C] [D] [E] [A] [B] [C] [D] [E] [A] [B] [C] [D] [E] [A] [B] [C] [D] [E] [A] [B] [C] [D] [E]	51	[A] [B] [C] [D] [E] [F] [A] [B] [C] [D] [E] [F] [A] [B] [C] [D] [E] [F] [A] [B] [C] [D] [E] [F] [A] [B] [C] [D] [E] [F] [A] [B] [C] [D] [E] [F]
44	[A] [B] [C] [D] [E] [A] [B] [C] [D] [E] [A] [B] [C] [D] [E] [A] [B] [C] [D] [E] [A] [B] [C] [D] [E]	52	[A] [B] [C] [D] [E] [F] [A] [B] [C] [D] [E] [F] [A] [B] [C] [D] [E] [F] [A] [B] [C] [D] [E] [F] [A] [B] [C] [D] [E] [F] [A] [B] [C] [D] [E] [F]

53	[A]	[B]	[C]	[D]	[E]	[F]	54	[A]	[B]	[C]	[D]	[E]	[F]
	[A]	[B]	[C]	[D]	[E]	[F]		[A]	[B]	[C]	[D]	[E]	[F]
	[A]	[B]	[C]	[D]	[E]	[F]		[A]	[B]	[C]	[D]	[E]	[F]
	[A]	[B]	[C]	[D]	[E]	[F]		[A]	[B]	[C]	[D]	[E]	[F]
	[A]	[B]	[C]	[D]	[E]	[F]		[A]	[B]	[C]	[D]	[E]	[F]
	[A]	[B]	[C]	[D]	[E]	[F]		[A]	[B]	[C]	[D]	[E]	[F]

55	[A]	[B]	[C]	64	[A]	[B]	[C]	
	[A]	[B]	[C]		[A]	[B]	[C]	
	[A]	[B]	[C]		[A]	[B]	[C]	
56	[A]	[B]	[C]	65	[A]	[B]	[C]	
	[A]	[B]	[C]		[A]	[B]	[C]	
	[A]	[B]	[C]		[A]	[B]	[C]	
57	[A]	[B]	[C]	66	[A]	[B]	[C]	
	[A]	[B]	[C]		[A]	[B]	[C]	
	[A]	[B]	[C]		[A]	[B]	[C]	
58	[A]	[B]	[C]	67	[A]	[B]	[C]	[D]
	[A]	[B]	[C]		[A]	[B]	[C]	[D]
	[A]	[B]	[C]		[A]	[B]	[C]	[D]
					[A]	[B]	[C]	[D]
59	[A]	[B]	[C]	68	[A]	[B]	[C]	[D]
	[A]	[B]	[C]		[A]	[B]	[C]	[D]
	[A]	[B]	[C]		[A]	[B]	[C]	[D]
					[A]	[B]	[C]	[D]
60	[A]	[B]	[C]	69	[A]	[B]	[C]	[D]
	[A]	[B]	[C]		[A]	[B]	[C]	[D]
	[A]	[B]	[C]		[A]	[B]	[C]	[D]
					[A]	[B]	[C]	[D]
61	[A]	[B]	[C]	70	[A]	[B]	[C]	[D]
	[A]	[B]	[C]		[A]	[B]	[C]	[D]
	[A]	[B]	[C]		[A]	[B]	[C]	[D]
					[A]	[B]	[C]	[D]
62	[A]	[B]	[C]	71	[A]	[B]	[C]	[D]
	[A]	[B]	[C]		[A]	[B]	[C]	[D]
	[A]	[B]	[C]		[A]	[B]	[C]	[D]
					[A]	[B]	[C]	[D]
63	[A]	[B]	[C]	72	[A]	[B]	[C]	[D]
	[A]	[B]	[C]		[A]	[B]	[C]	[D]
	[A]	[B]	[C]		[A]	[B]	[C]	[D]
					[A]	[B]	[C]	[D]

写作·三级样卷录音材料及答案

写字部分

一、

（一）录音材料

1. 名，名字的名
2. 讨，讨厌的讨
3. 边，旁边的边
4. 机，飞机的机
5. 别，特别的别
6. 妈，妈妈的妈
7. 伯，伯父的伯
8. 实，诚实的实
9. 折，折纸的折
10. 怀，怀抱的怀
11. 笔，铅笔的笔
12. 理，道理的理
13. 按，按门铃的按；代，代替的代
14. 叼，叼东西的叼；恶，恶心的恶
15. 测，测试的测；陆，陆地的陆
16. 饥，饥饿的饥；废，废话的废
17. 芳，芬芳的芳；狡，狡猾的狡
18. 盖，盖被子的盖；炒，炒饭的炒

（二）答案

1.AC　2.AD　3.DA　4.AB　5.DA　6.BA

7.AB　8.AC　9.AC　10.AB　11.DC　12.BA

13.（1）AF　（2）BC　14.（1）AC　（2）EB

15.（1）FE　（2）CA　16.（1）BF　（2）AD

17.（1）BD　（2）CE　18.（1）AE　（2）CD

作文部分

二、 19.B 20.G 21.F 22.E 23.A 24.C

25.E 26.H 27.D 28.A 29.I 30.B

31.H 32.C 33.D 34.A 35.F 36.G

三、 37.CDBA 38.BCAD 39.CDBA 40.ADCB 41.BCDA

42.ACBD 43.ADBEC 44.CDABE 45.CEDBA 46.ACEDB

47.CDBEA 48.BAECD 49.CDBAFE 50.DACBFE 51.CEDAFB

52.BDEACF 53.CABEFD 54.ACEFBD

四、 55.CAB 56.ACB 57.ACB 58.BCA 59.CAB 60.BCA

61.CBA 62.CBA 63.BCA 64.ACB 65.ACB 66.CBA

67.DACB 68.DBAC 69.BDCA 70.CABD 71.BADC 72.ADCB

华文水平测试

写作·四级

（适用年龄：12岁左右）

样　卷

暨南大学·华文考试院
中国·广州

注意事项

一、本试卷共 72 题，分两部分：

1. 写字（一大题，每大题 18 小题）

2. 作文（三大题，每大题 18 小题）

二、所有答案必须写在答题卡上，写在试卷上不得分

三、考试时间 65 分钟（含填涂答题卡）

第一部分　写字

一、听录音，按书写顺序选出你听到的汉字的部件。每题听两遍。（第1—18题，共18题）

例： A. 井　B. 人　C. 云　D. 又　E. 氵　F. 讠

（1）　　（2）

解析： 你听到“讲，讲话的讲”“汉，汉语的汉”，所以按书写顺序选“FA”“ED”。

1. A. 半　B. 亻　C. 口　D. 王

2. A. 曰　B. 口　C. 今　D. 一

3. A. 文　B. 贝　C. 云　D. 尸

4. A. 礻　B. 由　C. 刀　D. 扌

5. A. 禾　B. 阝　C. 子　D. 东

6. A. 𦍌　B. 孑　C. 亥　D. 工

7. A. 月　B. 大　C. 寸　D. 口　E. 亥　F. 巴

(1)		

(2)		

8. A. 亻　B. 氵　C. 木　D. 又　E. 灬　F. 共

(1)		

(2)		

9. A. 卜　B. 礻　C. 阝　D. 𠃌　E. 示　F. 幺

(1)		

(2)		

10. A. 兰　B. 心　C. 咸　D. 虫　E. 工　F. 扌

(1)		

(2)		

11. A. 纟　B. 饣　C. 并　D. ⺮　E. 本　F. 半

(1)		

(2)		

12. A. 朿　B. 斤　C. 刂　D. 巾　E. 父　F. 凡

(1)		

(2)		

13. A. 木　B. 扌　C. 白　D. 斤　E. 昔　F. 匚

(1)		

(2)		

14. A. 艹　B. 月　C. 包　D. 支　E. 句　F. 扌

(1)		

(2)		

15. A. 出　B. 彳　C. 石　D. 豆　E. 辶　F. 皮

(1)		

(2)		

16. A. 扁　B. 天　C. 京　D. 讠　E. 虫　F. 纟

(1)		

(2)		

17. A. ⻊　B. 狂　C. 辶　D. ⺮　E. 尹　F. 戋

(1)		

(2)		

18. A. 疒　B. 纟　C. 列　D. 逢　E. 衣　F. 巴

(1)		

(2)		

第二部分　作文

二、选字填空，使其组成两个词语。（第 19—36 题，共 18 题）

• **组词需按从左到右或从上到下的顺序**

例： A. 拉　B. 话　C. 去　D. 白　E. 奶　F. 杯　G. 来　H. 听　I. 生

好	
	见

解析： 填入“听”，能组成“好听”“听见”，所以选“H”。

A. 班　B. 拍　C. 彩　D. 查　E. 意　F. 品　G. 出　H. 期　I. 灯

19.

日	
	差

20.

	虹
色	

21.

	长
级	

22.

台	
	光

23.

	奖
食	

24.

	注
主	

A. 敬　B. 望　C. 机　D. 织　E. 带　F. 决　G. 证　H. 添　I. 赛

25.

尊	
	礼

28.

保	
	明

26.

	器
灵	

29.

	失
愿	

27.

	领
头	

30.

	参
竞	

A. 缝　B. 稿　C. 技　D. 警　E. 谱　F. 缘　G. 访　H. 刊　I. 斥

31.

草	
	纸

34.

训	
	责

32.

	巧
术	

35.

	拜
家	

33.

	告
报	

36.

	脸
菜	

三、将所给的选项组成句子，保证语句通顺、句意完整。（第37—54题，共18题）

• **本题型部分题目答案不唯一，答对一种即可得分。**

例：A. 我们　B. 球　C. 打　D. 经常

____ ____一起____ ____。

解析：这句话应该是："我们经常一起打球。"所以按顺序选 ADCB。

37. A. 还　B. 认识　C. 他　D. 到　E. 错误

____ ____没有____ ____ ____。

38. A. 便是　B. 她　C. 的　D. 我们班　E. 班主任

____ ____ ____ ____新____。

39. A. 做　B. 早饭　C. 好了　D. 吃吧　E. 快来

____已经____ ____，____ ____。

40. A. 睡得很香　B. 个　C. 小狗　D. 做了　E. 美梦

____ ____，好像____ ____ ____。

41. A. 准时开始　B. 做好　C. 请　D. 准备　E. 运动会

____十点____，____ ____ ____。

42. A. 我家　B. 小河　C. 门前　D. 有　E. 弯弯的

____ ____ ____一条____ ____。

43. A. 都愿意　B. 一起　C. 大家　D. 跟　E. 玩儿　F. 同学

____ ____ ____新来的____ ____ ____。

44. A. 我　B. 三个　C. 最小的　D. 有　E. 其中　F. 三岁

____ ____ ____弟弟，____ ____ ____。

45. A. 很短　B. 完成　C. 了　D. 但是　E. 虽然　F. 按时

____时间____，____ ____ ____ ____。

46. A. 外　B. 挖了　C. 村子　D. 大水坑　E. 个　F. 动物们

____在____ ____ ____ ____ ____。

47. A. 方式　B. 随着　C. 她　D. 朗读的　E. 喜欢　F. 选择

____ ____ ____心情____ ____ ____。

48. A. 中国　B. 愉快的　C. 最　D. 这　E. 旅行　F. 是

____ ____他在____ ____ ____ ____。

49. A. 尾声时　B. 上空　C. 接近　D. 五彩缤纷的　E. 体育馆　F. 绽放出　G. 礼花

闭幕式____ ____，____ ____ ____ ____ ____。

50. A. 很无聊　B. 船上的　C. 最喜欢的　D. 打麻将　E. 是　F. 生活　G. 娱乐方式

____ ____ ____，____ ____船员们____ ____。

51. A. 轻轻松松地　B. 是　C. 健将　D. 北极熊　E. 游　F. 游泳　G. 100 公里

____ ____ ____ ____，可以____ ____ ____。

52. A. 朝夕相伴　B. 与　C. 我　D. 朋友　E. 我的　F. 仿佛是　G. 东西

这些____ ____ ____ ____，____ ____ ____。

53. A. 太阳　B. 在　C. 片片　D. 渐渐落下　E. 泛起了　F. 海天　G. 交界处

____ ____，____ ____ ____ ____ ____红霞。

54. A. 里　B. 了　C. 田野　D. 和　E. 长满　F. 蔬菜　G. 金色的水稻

____ ____ ____ ____绿油油的____ ____ ____。

四、将所给的选项组成语段，保证语义连贯、逻辑清晰。（第55—72题，共18题）

例： A. 妈妈给他买了很多好吃的

B. 后天是明明的生日

C. 还买了新衣服

______，______，______，他高兴极了。

解析： 这段话应该是："后天是明明的生日，妈妈给他买了很多好吃的，还买了新衣服，他高兴极了。"所以按顺序选BAC。

55. A. 大家都非常欢迎

B. 所以很会讲故事

C. 乐乐爱看书

______，______。她给朋友们讲故事，______。

56. A. 病很快就好了

B. 乖乖地打针

C. 小明乖乖地吃药

听了医生的话，______，______，______。

57. A. 小虫子把小水珠当成了镜子

B. 我怎么变胖了

C. 它照呀照

______，______，"呀！真奇怪，______？"

58. A. 小明觉得有点儿头疼

B. 就赶紧带他去了医院

C. 好像是发烧了

______，妈妈摸了一下他的额头，______，______。

59. A. 小鸟种下了一粒种子

B. 种子慢慢长成了一棵小树

C. 后来

这一年春天，______，______，______。

60. A. 洁白的云朵飘啊飘

B. 一会儿又变成一只小兔子

C. 一会儿变成一匹小马

蓝蓝的天空上，______，______，______。

61. A. 记得有一回

B. 才最终躲了过去

C. 一条大黑狗跟了我一路

D. 直到我跑进家门

小时候我特别害怕狗。______，______，______，______。

62. A. 也有的鸟害羞

B. 有的鸟好胜

C. 养鸟主要是为了听它的叫声

D. 能不歇气地叫一个多小时

______。______，______，______，不肯轻易地叫。

63. A. 老师看见了，开玩笑说
B. 笑笑在黑板上画了一只漂亮的公鸡
C. 后来，公鸡在黑板上留了好些日子呢
D. 快捂住，别让它飞走了
______，______：“真像啊！______。”______。

64. A. 但爸爸妈妈要上班
B. 只能假期再去看望他了
C. 我也要上学
D. 我们都想多陪陪爷爷
______，______，______，平时实在没有太多时间，______。

65. A. 爸爸送了我一个小猪存钱罐
B. 早日填满它的小肚子
C. 我喜欢得不得了
D. 猪年的时候
______，______，______。我决定好好存钱，______。

66. A. 为学校争光
B. 运动员们都早早回去休息
C. 准备继续迎接明天的苦战了
D. 第一天比赛结束后
______，______，______。大家都希望拿个好成绩，______。

67. A. 不仅可以增长知识
B. 不少同学都想要挑战自我
C. 因为这样的亲身经历
D. 出去体验一下打工生活
______，______。______，______，还能锻炼多方面的能力。

68. A. 专注地看着一本旧书

B. 她便又端起来浅尝几口

C. 女孩儿坐在庭院中

D. 偶尔想起来的时候，

______，______。桌上的咖啡都放凉了，______，______。

69. A. 但依然坚持比赛

B. 纷纷上前拥抱她

C. 最后竟然获得了第一名

D. 小丽生病了

______，______，______，同学们都非常激动，______。

70. A. 像个大篮球

B. 晚饭做得太咸了

C. 肚子胀得鼓鼓的

D. 弟弟拼命喝水

______，______，一连喝了三大瓶，______，______。

71. A. 雨点儿落在伞上

B. 小小一把伞

C. 就得到了一片圆圆的小天地

D. 滴答滴答的，像动听的音乐

______，人们撑开它，______。______，______。

72. A. 北方的冬天

B. 路面有水的地方也会结冰

C. 生怕滑倒了

D. 小河早早就结了冰

______，______，______，人们走起路来都小心翼翼，______。

华文水平测试答题卡

写作 · 四级

姓名	

填涂要求	1. 请用 2B 铅笔填涂。 2. 正确填涂：■ 3. 修改时请用橡皮擦干净。 4. 请勿折叠、弄脏或弄破。

准考证号填涂区

[0]	[0]	[0]	[0]	[0]	[0]	[0]	[0]	[0]	[0]	[0]	[0]	[0]	[0]	[0]	[0]	[0]
[1]	[1]	[1]	[1]	[1]	[1]	[1]	[1]	[1]	[1]	[1]	[1]	[1]	[1]	[1]	[1]	[1]
[2]	[2]	[2]	[2]	[2]	[2]	[2]	[2]	[2]	[2]	[2]	[2]	[2]	[2]	[2]	[2]	[2]
[3]	[3]	[3]	[3]	[3]	[3]	[3]	[3]	[3]	[3]	[3]	[3]	[3]	[3]	[3]	[3]	[3]
[4]	[4]	[4]	[4]	[4]	[4]	[4]	[4]	[4]	[4]	[4]	[4]	[4]	[4]	[4]	[4]	[4]
[5]	[5]	[5]	[5]	[5]	[5]	[5]	[5]	[5]	[5]	[5]	[5]	[5]	[5]	[5]	[5]	[5]
[6]	[6]	[6]	[6]	[6]	[6]	[6]	[6]	[6]	[6]	[6]	[6]	[6]	[6]	[6]	[6]	[6]
[7]	[7]	[7]	[7]	[7]	[7]	[7]	[7]	[7]	[7]	[7]	[7]	[7]	[7]	[7]	[7]	[7]
[8]	[8]	[8]	[8]	[8]	[8]	[8]	[8]	[8]	[8]	[8]	[8]	[8]	[8]	[8]	[8]	[8]
[9]	[9]	[9]	[9]	[9]	[9]	[9]	[9]	[9]	[9]	[9]	[9]	[9]	[9]	[9]	[9]	[9]

1	[A] [B] [C] [D] [A] [B] [C] [D]	10	[A] [B] [C] [D] [E] [F] [A] [B] [C] [D] [E] [F] [A] [B] [C] [D] [E] [F] [A] [B] [C] [D] [E] [F]
2	[A] [B] [C] [D] [A] [B] [C] [D]	11	[A] [B] [C] [D] [E] [F] [A] [B] [C] [D] [E] [F] [A] [B] [C] [D] [E] [F] [A] [B] [C] [D] [E] [F]
3	[A] [B] [C] [D] [A] [B] [C] [D]	12	[A] [B] [C] [D] [E] [F] [A] [B] [C] [D] [E] [F] [A] [B] [C] [D] [E] [F] [A] [B] [C] [D] [E] [F]
4	[A] [B] [C] [D] [A] [B] [C] [D]	13	[A] [B] [C] [D] [E] [F] [A] [B] [C] [D] [E] [F] [A] [B] [C] [D] [E] [F] [A] [B] [C] [D] [E] [F]
5	[A] [B] [C] [D] [A] [B] [C] [D]	14	[A] [B] [C] [D] [E] [F] [A] [B] [C] [D] [E] [F] [A] [B] [C] [D] [E] [F] [A] [B] [C] [D] [E] [F]
6	[A] [B] [C] [D] [A] [B] [C] [D]	15	[A] [B] [C] [D] [E] [F] [A] [B] [C] [D] [E] [F] [A] [B] [C] [D] [E] [F] [A] [B] [C] [D] [E] [F]
7	[A] [B] [C] [D] [E] [F] [A] [B] [C] [D] [E] [F] [A] [B] [C] [D] [E] [F] [A] [B] [C] [D] [E] [F]	16	[A] [B] [C] [D] [E] [F] [A] [B] [C] [D] [E] [F] [A] [B] [C] [D] [E] [F] [A] [B] [C] [D] [E] [F]
8	[A] [B] [C] [D] [E] [F] [A] [B] [C] [D] [E] [F] [A] [B] [C] [D] [E] [F] [A] [B] [C] [D] [E] [F]	17	[A] [B] [C] [D] [E] [F] [A] [B] [C] [D] [E] [F] [A] [B] [C] [D] [E] [F] [A] [B] [C] [D] [E] [F]
9	[A] [B] [C] [D] [E] [F] [A] [B] [C] [D] [E] [F] [A] [B] [C] [D] [E] [F] [A] [B] [C] [D] [E] [F]	18	[A] [B] [C] [D] [E] [F] [A] [B] [C] [D] [E] [F] [A] [B] [C] [D] [E] [F] [A] [B] [C] [D] [E] [F]

19	[A] [B] [C] [D] [E] [F] [G] [H] [I]	25	[A] [B] [C] [D] [E] [F] [G] [H] [I]
20	[A] [B] [C] [D] [E] [F] [G] [H] [I]	26	[A] [B] [C] [D] [E] [F] [G] [H] [I]
21	[A] [B] [C] [D] [E] [F] [G] [H] [I]	27	[A] [B] [C] [D] [E] [F] [G] [H] [I]
22	[A] [B] [C] [D] [E] [F] [G] [H] [I]	28	[A] [B] [C] [D] [E] [F] [G] [H] [I]
23	[A] [B] [C] [D] [E] [F] [G] [H] [I]	29	[A] [B] [C] [D] [E] [F] [G] [H] [I]
24	[A] [B] [C] [D] [E] [F] [G] [H] [I]	30	[A] [B] [C] [D] [E] [F] [G] [H] [I]

31	[A] [B] [C] [D] [E] [F] [G] [H] [I]	**34**	[A] [B] [C] [D] [E] [F] [G] [H] [I]
32	[A] [B] [C] [D] [E] [F] [G] [H] [I]	**35**	[A] [B] [C] [D] [E] [F] [G] [H] [I]
33	[A] [B] [C] [D] [E] [F] [G] [H] [I]	**36**	[A] [B] [C] [D] [E] [F] [G] [H] [I]

37	[A] [B] [C] [D] [E] [A] [B] [C] [D] [E] [A] [B] [C] [D] [E] [A] [B] [C] [D] [E] [A] [B] [C] [D] [E]	**46**	[A] [B] [C] [D] [E] [F] [A] [B] [C] [D] [E] [F] [A] [B] [C] [D] [E] [F] [A] [B] [C] [D] [E] [F] [A] [B] [C] [D] [E] [F] [A] [B] [C] [D] [E] [F]
38	[A] [B] [C] [D] [E] [A] [B] [C] [D] [E] [A] [B] [C] [D] [E] [A] [B] [C] [D] [E] [A] [B] [C] [D] [E]	**47**	[A] [B] [C] [D] [E] [F] [A] [B] [C] [D] [E] [F] [A] [B] [C] [D] [E] [F] [A] [B] [C] [D] [E] [F] [A] [B] [C] [D] [E] [F] [A] [B] [C] [D] [E] [F]
39	[A] [B] [C] [D] [E] [A] [B] [C] [D] [E] [A] [B] [C] [D] [E] [A] [B] [C] [D] [E] [A] [B] [C] [D] [E]	**48**	[A] [B] [C] [D] [E] [F] [A] [B] [C] [D] [E] [F] [A] [B] [C] [D] [E] [F] [A] [B] [C] [D] [E] [F] [A] [B] [C] [D] [E] [F] [A] [B] [C] [D] [E] [F]
40	[A] [B] [C] [D] [E] [A] [B] [C] [D] [E] [A] [B] [C] [D] [E] [A] [B] [C] [D] [E] [A] [B] [C] [D] [E]	**49**	[A] [B] [C] [D] [E] [F] [G] [A] [B] [C] [D] [E] [F] [G] [A] [B] [C] [D] [E] [F] [G] [A] [B] [C] [D] [E] [F] [G] [A] [B] [C] [D] [E] [F] [G] [A] [B] [C] [D] [E] [F] [G] [A] [B] [C] [D] [E] [F] [G]
41	[A] [B] [C] [D] [E] [A] [B] [C] [D] [E] [A] [B] [C] [D] [E] [A] [B] [C] [D] [E] [A] [B] [C] [D] [E]	**50**	[A] [B] [C] [D] [E] [F] [G] [A] [B] [C] [D] [E] [F] [G] [A] [B] [C] [D] [E] [F] [G] [A] [B] [C] [D] [E] [F] [G] [A] [B] [C] [D] [E] [F] [G] [A] [B] [C] [D] [E] [F] [G] [A] [B] [C] [D] [E] [F] [G]
42	[A] [B] [C] [D] [E] [A] [B] [C] [D] [E] [A] [B] [C] [D] [E] [A] [B] [C] [D] [E] [A] [B] [C] [D] [E]	**51**	[A] [B] [C] [D] [E] [F] [G] [A] [B] [C] [D] [E] [F] [G] [A] [B] [C] [D] [E] [F] [G] [A] [B] [C] [D] [E] [F] [G] [A] [B] [C] [D] [E] [F] [G] [A] [B] [C] [D] [E] [F] [G] [A] [B] [C] [D] [E] [F] [G]
43	[A] [B] [C] [D] [E] [F] [A] [B] [C] [D] [E] [F] [A] [B] [C] [D] [E] [F] [A] [B] [C] [D] [E] [F] [A] [B] [C] [D] [E] [F] [A] [B] [C] [D] [E] [F]	**52**	[A] [B] [C] [D] [E] [F] [G] [A] [B] [C] [D] [E] [F] [G] [A] [B] [C] [D] [E] [F] [G] [A] [B] [C] [D] [E] [F] [G] [A] [B] [C] [D] [E] [F] [G] [A] [B] [C] [D] [E] [F] [G] [A] [B] [C] [D] [E] [F] [G]
44	[A] [B] [C] [D] [E] [F] [A] [B] [C] [D] [E] [F] [A] [B] [C] [D] [E] [F] [A] [B] [C] [D] [E] [F] [A] [B] [C] [D] [E] [F] [A] [B] [C] [D] [E] [F]	**53**	[A] [B] [C] [D] [E] [F] [G] [A] [B] [C] [D] [E] [F] [G] [A] [B] [C] [D] [E] [F] [G] [A] [B] [C] [D] [E] [F] [G] [A] [B] [C] [D] [E] [F] [G] [A] [B] [C] [D] [E] [F] [G] [A] [B] [C] [D] [E] [F] [G]
45	[A] [B] [C] [D] [E] [F] [A] [B] [C] [D] [E] [F] [A] [B] [C] [D] [E] [F] [A] [B] [C] [D] [E] [F] [A] [B] [C] [D] [E] [F] [A] [B] [C] [D] [E] [F]	**54**	[A] [B] [C] [D] [E] [F] [G] [A] [B] [C] [D] [E] [F] [G] [A] [B] [C] [D] [E] [F] [G] [A] [B] [C] [D] [E] [F] [G] [A] [B] [C] [D] [E] [F] [G] [A] [B] [C] [D] [E] [F] [G] [A] [B] [C] [D] [E] [F] [G]

55	[A] [B] [C] [A] [B] [C] [A] [B] [C]	**64**	[A] [B] [C] [D] [A] [B] [C] [D] [A] [B] [C] [D] [A] [B] [C] [D]
56	[A] [B] [C] [A] [B] [C] [A] [B] [C]	**65**	[A] [B] [C] [D] [A] [B] [C] [D] [A] [B] [C] [D] [A] [B] [C] [D]
57	[A] [B] [C] [A] [B] [C] [A] [B] [C]	**66**	[A] [B] [C] [D] [A] [B] [C] [D] [A] [B] [C] [D] [A] [B] [C] [D]
58	[A] [B] [C] [A] [B] [C] [A] [B] [C]	**67**	[A] [B] [C] [D] [A] [B] [C] [D] [A] [B] [C] [D] [A] [B] [C] [D]
59	[A] [B] [C] [A] [B] [C] [A] [B] [C]	**68**	[A] [B] [C] [D] [A] [B] [C] [D] [A] [B] [C] [D] [A] [B] [C] [D]
60	[A] [B] [C] [A] [B] [C] [A] [B] [C]	**69**	[A] [B] [C] [D] [A] [B] [C] [D] [A] [B] [C] [D] [A] [B] [C] [D]
61	[A] [B] [C] [D] [A] [B] [C] [D] [A] [B] [C] [D] [A] [B] [C] [D]	**70**	[A] [B] [C] [D] [A] [B] [C] [D] [A] [B] [C] [D] [A] [B] [C] [D]
62	[A] [B] [C] [D] [A] [B] [C] [D] [A] [B] [C] [D] [A] [B] [C] [D]	**71**	[A] [B] [C] [D] [A] [B] [C] [D] [A] [B] [C] [D] [A] [B] [C] [D]
63	[A] [B] [C] [D] [A] [B] [C] [D] [A] [B] [C] [D] [A] [B] [C] [D]	**72**	[A] [B] [C] [D] [A] [B] [C] [D] [A] [B] [C] [D] [A] [B] [C] [D]

写作·四级样卷录音材料及答案

写字部分

一、

（一）录音材料

1. 伴，伙伴的伴
2. 旦，元旦的旦
3. 败，打败的败
4. 初，初级的初
5. 陈，姓陈的陈
6. 孩，孩子的孩
7. 夺，争夺的夺；肥，肥皂的肥
8. 洪，洪水的洪；杰，杰出的杰
9. 补，补充的补；幻，幻想的幻
10. 拦，阻拦的拦；感，感冒的感
11. 绊，被绊倒的绊；笨，笨蛋的笨
12. 刺，鱼刺的刺；帆，帆船的帆
13. 柏，柏树的柏；措，惊慌失措的措
14. 胞，双胞胎的胞；苟，一丝不苟的苟
15. 彼，彼此的彼；逗，逗小狗的逗
16. 蚕，养蚕的蚕；谅，原谅的谅
17. 践，实践的践；笋，竹笋的笋
18. 缝，缝隙的缝；裂，裂开的裂

（二）答案

1.BA　2.AD　3.BA　4.AC　5.BD　6.BC

7.（1）BC　（2）AF　8.（1）BF　（2）CE

9.（1）BA　（2）FD　10.（1）FA　（2）CB

11.（1）AF　（2）DE　12.（1）AC　（2）DF

13.（1）AC　（2）BE　14.（1）BC　（2）AE

15.（1）BF　（2）DE　16.（1）BE　（2）DC

17.（1）AF　（2）DE　18.（1）BD　（2）CE

作文部分

二、 19.G 20.C 21.A 22.I 23.F 24.E

25.A 26.C 27.E 28.G 29.B 30.I

31.B 32.C 33.D 34.I 35.G 36.E

三、 37.CABDE 38.BADCE 39.BACED 40.CADBE

41.EACBD 42.ACDEB 43.CADFBE 44.ADBECF

45.EADFBC 46.FCABED 47.CEBFDA 48.DFACBE

49.CAEBFDG 50.BFADECG 51.DBFCAEG 52.GBCAFED

53.ADBFGEC 54.CAEBFDG

四、 55.CBA 56.CBA 57.ACB 58.ACB 59.ACB 60.ACB

61.ACDB 62.CBDA 63.BADC 64.DACB 65.DACB 66.DBCA

67.BDCA 68.CADB 69.DACB 70.BDCA 71.BCAD 72.ADBC

华文水平测试

写作·五级

（适用年龄：15岁左右）

样　卷

暨南大学•华文考试院

中国•广州

注意事项

一、本试卷共 90 题，分两部分：

1. 写字（一大题，每大题 18 小题）

2. 作文（四大题，每大题 18 小题）

二、所有答案必须写在答题卡上，写在试卷上不得分

三、考试时间 80 分钟（含填涂答题卡）

第一部分　写字

一、听录音，按书写顺序选出你听到的汉字的部件。每题听两遍。
（第 1—18 题，共 18 题）

例： A. 井　B. 人　C. 云　D. 又　E. 氵　F. 讠

（1）				（2）		

解析： 你听到“讲，讲话的讲”“汉，汉语的汉”，所以按书写顺序选“FA”“ED”。

1. A. 艹　B. 尸　C. 八　D. 出　E. 宀　F. 约

（1）				（2）		

2. A. 乙　B. 心　C. 亻　D. 页　E. 川　F. 相

（1）				（2）		

3. A. 田　B. 隶　C. 采　D. 刂　E. 广　F. 歹

（1）				（2）		

4. A. 马　B. 果　C. 石　D. 讠　E. 贝　F. 反

（1）				（2）		

5. A. 钅　B. 艮　C. 昔　D. 工　E. 犭　F. 缶

（1）				（2）		

6. A. 覀　B. 代　C. 舟　D. 衣　E. 示　F. 亢

（1）				（2）		

7. A. 音　B. 白　C. 门　D. 日　E. 马　F. 比

(1)		

(2)		

8. A. 土　B. 保　C. 心　D. 奏　E. 己　F. 冫

(1)		

(2)		

9. A. 禾　B. 巛　C. 步　D. 页　E. 辶　F. 几

(1)		

(2)		

10. A. 马　B. 氵　C. 扌　D. 虫　E. 厓　F. 匋

(1)		

(2)		

11. A. 瓜　B. 忄　C. 刂　D. 犭　E. 齐　F. 贲

(1)		

(2)		

12. A. 门　B. 龙　C. 足　D. 活　E. 失　F. 耳

(1)		

(2)		

13. A. 亻　B. 氵　C. 尸　D. 爫　E. 生　F. 扌　G. 子　H. 出　I. 口

(1)			

(2)			

14. A. 艹　B. 扌　C. 土　D. 勹　E. 氵　F. 厶　G. 口　H. 平　I. 忄

(1)			

(2)			

15. A. 夂　B. 门　C. 虫　D. 田　E. 木　F. 各　G. 心　H. 扌　I. 世

(1)			

(2)			

16. A. 山　B. 八　C. 彳　D. 扌　E. 囗　F. 气　G. 刀　H. 口　I. 隹

(1)			

(2)			

17. A. ⺌　B. 纟　C. 丬　D. 文　E. 𠂉　F. 夕　G. 同　H. 酉　I. 兵

(1)			

(2)			

18. A. ⻊　B. 灬　C. 米　D. 忄　E. 𦍌　F. 夬　G. 罒　H. ⺮　I. 木

(1)			

(2)			

第二部分　作文

二、选字填空，扩充词语。（第 19—36 题，共 18 题）

例： A. 谷 B. 繁 C. 纽 D. 令 E. 醉 F. 生 G. 明 H. 拟 I. 级 J. 删 K. 领 L. 廷 M. 项

频发：频____发____

解析：“频发”即为“频繁发生”之意，应将“繁”“生”填入空格，所以按顺序选 BF。

A. 天 B. 通 C. 朗 D. 看 E. 球 F. 物 G. 面 H. 清 I. 络 J. 灰 K. 虽 L. 欣 M. 则

19. 地表：地____表____
20. 晴空：晴____的____空
21. 交规：交____规____
22. 网购：网____购____
23. 除尘：____除____尘
24. 观赏：观____ ____赏

A. 膀 B. 筑 C. 伸 D. 料 E. 力 F. 迎 G. 止 H. 立 I. 俗 J. 首 K. 招 L. 比 M. 轻

25. 展翅：____展翅____
26. 禁赛：禁____ ____赛
27. 建材：建____材____
28. 减压：减____压____
29. 建都：建____ ____都
30. 接待：____接____待

A. 快 B. 灾 C. 术 D. 开 E. 身 F. 发 G. 练 H. 感 I. 查 J. 届 K. 鲜 L. 方 M. 特

31. 便捷：____便____捷
32. 避难：避____ ____难
33. 习武：____习武____
34. 体检：____体检____
35. 新奇：新____奇____
36. 抒情：抒____ ____情

三、重组句子，使重组后语句通顺，句意和原文最大程度接近。（第37—54题，共18题）

• **所给选项不一定都要使用。**

• **本题型部分题目答案不唯一，答对一种即可得分。**

例： 秋天 到了，变得 枯黄 的 树叶 一片片 落下。
A B C D E F G H

____，____ ____ ____，____落下。

解析： 重组后的句子为："秋天，树叶变得枯黄，一片片落下。"所以按顺序选 AFCDG。

37. 大红 苹果 又香又甜，小朋友们 都喜欢 吃。
A B C D E F

小朋友们____ ____ ____的____ ____。

38. 我 和 外公 在小溪边 钓鱼，我们 钓到了 两条大鱼。
A B C D E F G H

____ ____ ____ ____钓到了____。

39. 小宝 想要 装扮 这美丽的 冬天，于是 用纸撕出了 一朵小梅花。
A B C D E F G H

小宝____ ____，是____ ____ ____ ____吧！

40. 人群中 跑出来 一只 小狗，向 他 奔 去。
A B C D E F G H

____ ____从____ ____，____向____。

41. 妹妹 爱挑食，奶奶 拿 她 没办法。
A B C D E F

____ ____ ____的____ ____。

42. 这些 书包 都好漂亮，我到底 该买 哪种颜色的 呢？
A B C D E F G
____啊！____ ____ ____ ____ ____？

43. 微笑 是 一种 世界语，可以 拉近 心与心的 距离。
A B C D E F G H
____可以____ ____ ____，它____ ____ ____。

44. 养成 每天 睡前 洗热水澡 的 习惯，可以 促进 睡眠。
A B C D E F G H I
____ ____ ____，____这一____ ____ ____ ____。

45. 弟弟 想也不想地 拒绝了 别人 约他 出去玩儿 的 邀请。
A B C D E F G H
____ ____ ____ ____，他____ ____。

46. 小动物 们 都 不 想去 冒险，狐狸建议 抽签 决定 谁去。
A B C D E F G H I J
____ ____ ____ ____ ____，因为没有一个____ ____。

47. 两位学生 因为 搬书，手上 磨出了 大大的 水泡，真是个 累活儿！
A B C D E F G H I
____真是个____，____ ____ ____ ____ ____。

48. 父亲 的 突然 辞世 使 我们 一家的 生活重担 落到了 大哥 肩上。
A B C D E F G H I J K
父亲____ ____，____不得不承担起____ ____ ____。

49. 我 细细 品味 战友 递过来 的 这杯 荷花茶，满口 芳香。
A B C D E F G H I J
____ ____一杯____，____ ____ ____着，____ ____。

50. 夏日 的 红山村，为你 徐徐 展开 了 一幅 美丽的 画卷。
A B C D E F G H I J
____ ____ ____像____ ____ ____，在你面前____ ____。

51. 恐怕 最高明的 画师 在 七色花 面前 也要 自惭 画工 拙劣。
A B C D E F G H I J

在____ ____，____ ____ ____ ____ ____ ____ ____。

52. 一些媒体 在 内容的 生产中 对版权 认识 不足，留下了 许多 隐患。
A B C D E F G H I J

因为____ ____ ____，____在____ ____ ____ ____ ____。

53. 博物馆 专设“汉趣屋”，有 穿汉服 等活动，让 观众 感受 古代人的生活。
A B C D E F G H I J

通过____ ____，____可以在____ ____的____ ____ ____。

54. 因为疫情 推迟 上映的 张小北执导的《拓星者》是 业界 比较 看好的 影片。
A B C D E F G H I J

____，____ ____ ____上映，这____ ____ ____ ____ ____。

四、将所给的选项组成语段，保证语义连贯、逻辑清晰。（第55—72题，共18题）

例：A. 妈妈给他买了很多好吃的

B. 后天是明明的生日

C. 还买了新衣服

____，____，____，他高兴极了。

解析：这段话应该是：“后天是明明的生日，妈妈给他买了很多好吃的，还买了新衣服，他高兴极了。”所以按顺序选BAC。

55. A. 它的四肢和肩膀是黑的

B. 最逗人的是那圆圆的黑眼圈

C. 大熊猫全身黑白相间

D. 身子和脑袋却是白的

____，____，____。____，还有那对毛茸茸的黑耳朵。

56. A. 不停地说话

B. 我们上山时坐了索道

C. 我却挺兴奋

D. 当时妈妈紧张得不敢说话

____。____，____，____，还一个劲儿地向下看。

57. A. 那怎么样才可以让衣服变得香香的呢

B. 小朋友都喜欢香香的衣服

C. 衣服就会香香的了

D. 洗衣服时用带香味的洗衣液

____，____？____，干了以后，____。

58. A. 这真是又好气又好笑

B. 才来到猴子多的地方

C. 一只猴子偷走了我的苹果

D. 我们走了好长的山路

____，____。正当我照相时，____，____。

59. A. 太阳光线从云里射下来

B. 哪里是天

C. 这时候要分出哪里是水

D. 直照到水面上

____，____，____，____，倒也不十分容易。

60. A. 但儿子作业太多了

B. 回家就想跟儿子玩

C. 白天在厂里“玩”

D. 没时间跟他玩

爱玩的马先生现在做了玩具厂的厂长，____，____，____，____。

61. A. 她的到来
B. 让大地变成了金色的，芳香的，成熟的
C. 秋姑娘带着一身金黄
D. 悄悄地来到了人间
____，迈着轻盈的脚步，____。____，____。

62. A. 它融合了徽剧和汉剧
B. 京剧又称京戏
C. 也吸收了秦腔、昆曲等曲种的唱腔特点
D. 是中国戏曲曲种之一
____，____。____，____，最后在北京形成。

63. A. 不用打开，单凭手感
B. 信封是粉色的
C. 就能知道里面的信纸有好几张呢
D. 上面没有一个字
____，____，封口也很严实。____，____。

64. A. 缓缓停了下来
B. 排好队之后
C. “到站了！”孩子们的声音一下涌满了车厢
D. 大家一个接一个走下了火车
____，火车似乎听懂了他们的话，____。____，____。

65. A. 但他觉得没关系
B. 时间长了总会认识新的同学
C. 刚来到这里的时候
D. 发展新的友谊
____，他没有朋友。____，____，____。

66. A. 这是因为炎热的夏天里人的血管容易扩张
B. 血压变化具有明显的季节特点
C. 因此血压就会相对较低
D. 通常表现为夏季比冬季低
研究表明，____，____。____，____。

67. A. 探险队长临死前发现了它
B. 这只雕刻精美的箱子原本属于当地一座神庙
C. 如果他们一步也不离开这只箱子
D. 并把箱子送到杨教授手里
E. 队长向同伴们保证
____，____。____，____，____，他们将分得比金子还要贵重的东西。

68. A. 但哭要有节制
B. 如果整天哭哭啼啼
C. 还能缓解紧张情绪
D. 流泪在某些时候能起到自我保护的作用
E. 在发泄内心情感的同时
____，____，____。____，____，也会扰乱正常的心理机能。

69. A. 或许是一种在笔墨间带有整体性的境界、感觉和悟性
B. 所谓笔墨趣味
C. 或许只是一种笔墨习惯
D. 说低一点
E. 说起来还是一个比较模糊的概念
____，____。____，____；说高一点，____。

70. A. 正准备展示自己嫩绿而富有光泽的身体
B. 轻柔的春雨像丝线一般飘落
C. 田野里下起了小雨
D. 它们仿佛刚从温暖的“被子”里钻出来
E. 慢慢渗入土中
____，____，____。雨水唤醒了沉睡的植物，____，____。

71. A. 两只眼睛一只睁着一只闭着
B. 总要有一只雁站岗
C. 而大雁睡觉的时候
D. 一有动静就唤醒雁群飞走
E. 猫头鹰睡觉的时候
____，____，保持着高度的警惕。____，____，____。

72. A. 眼睁睁看着金鱼缺水而死
B. 如果是你，你会怎么选择
C. 鱼缸意外破了
D. 或者是赶快找一个新的容器来救金鱼
E. 他有两个选择，或者是站在水缸前生气、抱怨
一个人养了条金鱼。____，____，____，____。____？

五、按要求删减，使删后语句通顺，意思和原文保持最大程度一致。（第73—90题，共18题）

· 本题型部分题目答案不唯一，答对一种即可得分。

例： ①草地的另一边是一片芦苇丛，②这片芦苇长得很茂密，
A B C D E F G H I J K L　A B C D E F G H I
③就像一片原始森林。④到了深秋时节，⑤盛开的芦苇花
A B C D E F G H　A B C D E F　A B C D E F
还会随风飘到草地上来。
G H I J K L M N O P

1. ①句删不连续3字。

2. 结合上下文，②句删连续4字。

3. 在未经删改的所有句子中，删1句。

解析： 1. ①句应删“的”、第二个“一”和“丛”3字，所以选CHL。

2. ②句中的“这片芦苇”在上句有所提及，可删，所以选ABCD。

3. 原文中，应删“就像一片原始森林”，所以选③。

（以上三题删减后，文本均连贯，且意思和原文保持最大程度一致。）

注意：

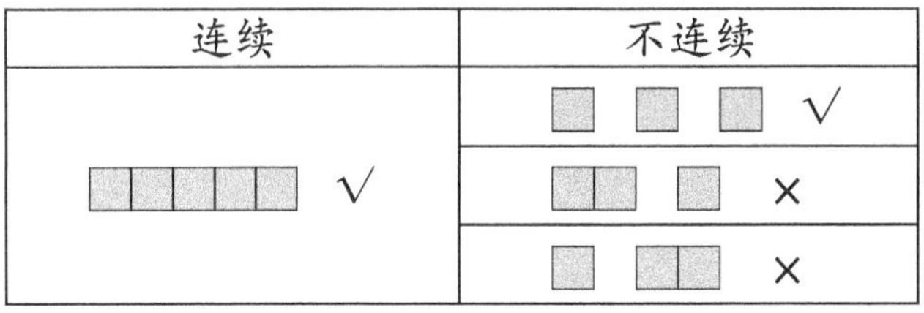

①一般牧民放羊的时候是跟着羊群，②因为怕羊顶了屁股。③常
A B C D E F G H I J K L M N　　A B C D E F G H　　A

五爷放羊和别人不一样，④他手里拿着鞭子走在前面，⑤他的鞭
B C D E F G H I J K　　A B C D E F G H I J K　　A B C

子伸向哪儿，⑥羊群就往哪儿走　。
D E F G H　　A B C D E F G

73. ①句删连续 3 字。

74. 结合上下文，②句删连续 2 字。

75. ③句删连续 2 字。

76. ④句删连续 2 字。

77. 结合上下文，⑤句删连续 2 字。

78. 在未经删改的所有句子中，删 1 句。

①一群小鸭子，一个接一个下水了，②这些毛茸茸的小生灵，
A B C D E　F G H I J K L M　　A B C D E F G H I

③无比欢乐地在水面上游着。④河边的垂柳在风中飘动，⑤有那
A B C D E F G H I J K　　A B C D E F G H I J　　A B

么几根垂到水面，⑥风一吹垂柳又从水上飞起，⑦把小鸭们吓得
C D E F G H I　　A B C D E F G H I J K　　A B C D E F

挤成一团。
G H I J

79. ①句删连续2字。

80. 结合上下文，②句删连续2字。

81. ③句删连续4字。

82. ⑤句删连续2字。

83. 结合上下文，⑥句删连续2字。

84. 在未经删改的所有句子中，删1句。

①新冠疫苗接种工作正在推进中，②但部分人对何种情况能接种
A B C D E F G H I J K L M　A B C D E F G H I J K L

新冠疫苗仍心存疑虑，③导致疫苗接种进程十分之缓慢，④为解
M N O P Q R S T U　A B C D E F G H I J K L M　A B

答群众疑惑，⑤本报根据国家卫生健康委员会发布的《新冠病毒
C D E F G　A B C D E F G H I J K L M N O P　Q R S T

疫苗接种技术指南》，⑥以及疫苗说明书相关内容，⑦对于疫苗
U V W X Y Z a b　A B C D E F G H I J K　A B C D

接种禁忌，进行了详尽梳理。
E F G H　I J K L M N O

85. ①句删不连续2字。

86. 结合上下文，②句删连续4字。

87. ③句删连续3字。

88. ⑥句删不连续2字。

89. ⑦句删不连续2字。

90. 在未经删改的所有句子中，删连续2句。

华文水平测试答题卡

写作·五级

姓名	

填涂要求	1. 请用 2B 铅笔填涂。 2. 正确填涂：■ 3. 修改时请用橡皮擦干净。 4. 请勿折叠、弄脏或弄破。

准考证号填涂区

[0]	[0]	[0]	[0]	[0]	[0]	[0]	[0]	[0]	[0]	[0]	[0]	[0]	[0]	[0]	[0]	[0]
[1]	[1]	[1]	[1]	[1]	[1]	[1]	[1]	[1]	[1]	[1]	[1]	[1]	[1]	[1]	[1]	[1]
[2]	[2]	[2]	[2]	[2]	[2]	[2]	[2]	[2]	[2]	[2]	[2]	[2]	[2]	[2]	[2]	[2]
[3]	[3]	[3]	[3]	[3]	[3]	[3]	[3]	[3]	[3]	[3]	[3]	[3]	[3]	[3]	[3]	[3]
[4]	[4]	[4]	[4]	[4]	[4]	[4]	[4]	[4]	[4]	[4]	[4]	[4]	[4]	[4]	[4]	[4]
[5]	[5]	[5]	[5]	[5]	[5]	[5]	[5]	[5]	[5]	[5]	[5]	[5]	[5]	[5]	[5]	[5]
[6]	[6]	[6]	[6]	[6]	[6]	[6]	[6]	[6]	[6]	[6]	[6]	[6]	[6]	[6]	[6]	[6]
[7]	[7]	[7]	[7]	[7]	[7]	[7]	[7]	[7]	[7]	[7]	[7]	[7]	[7]	[7]	[7]	[7]
[8]	[8]	[8]	[8]	[8]	[8]	[8]	[8]	[8]	[8]	[8]	[8]	[8]	[8]	[8]	[8]	[8]
[9]	[9]	[9]	[9]	[9]	[9]	[9]	[9]	[9]	[9]	[9]	[9]	[9]	[9]	[9]	[9]	[9]

1	[A] [B] [C] [D] [E] [F] [A] [B] [C] [D] [E] [F] [A] [B] [C] [D] [E] [F] [A] [B] [C] [D] [E] [F]	**10**	[A] [B] [C] [D] [E] [F] [A] [B] [C] [D] [E] [F] [A] [B] [C] [D] [E] [F] [A] [B] [C] [D] [E] [F]
2	[A] [B] [C] [D] [E] [F] [A] [B] [C] [D] [E] [F] [A] [B] [C] [D] [E] [F] [A] [B] [C] [D] [E] [F]	**11**	[A] [B] [C] [D] [E] [F] [A] [B] [C] [D] [E] [F] [A] [B] [C] [D] [E] [F] [A] [B] [C] [D] [E] [F]
3	[A] [B] [C] [D] [E] [F] [A] [B] [C] [D] [E] [F] [A] [B] [C] [D] [E] [F] [A] [B] [C] [D] [E] [F]	**12**	[A] [B] [C] [D] [E] [F] [A] [B] [C] [D] [E] [F] [A] [B] [C] [D] [E] [F] [A] [B] [C] [D] [E] [F]
4	[A] [B] [C] [D] [E] [F] [A] [B] [C] [D] [E] [F] [A] [B] [C] [D] [E] [F] [A] [B] [C] [D] [E] [F]	**13**	[A] [B] [C] [D] [E] [F] [G] [H] [I] [A] [B] [C] [D] [E] [F] [G] [H] [I] [A] [B] [C] [D] [E] [F] [G] [H] [I] [A] [B] [C] [D] [E] [F] [G] [H] [I] [A] [B] [C] [D] [E] [F] [G] [H] [I] [A] [B] [C] [D] [E] [F] [G] [H] [I]
5	[A] [B] [C] [D] [E] [F] [A] [B] [C] [D] [E] [F] [A] [B] [C] [D] [E] [F] [A] [B] [C] [D] [E] [F]	**14**	[A] [B] [C] [D] [E] [F] [G] [H] [I] [A] [B] [C] [D] [E] [F] [G] [H] [I] [A] [B] [C] [D] [E] [F] [G] [H] [I] [A] [B] [C] [D] [E] [F] [G] [H] [I] [A] [B] [C] [D] [E] [F] [G] [H] [I] [A] [B] [C] [D] [E] [F] [G] [H] [I]
6	[A] [B] [C] [D] [E] [F] [A] [B] [C] [D] [E] [F] [A] [B] [C] [D] [E] [F] [A] [B] [C] [D] [E] [F]	**15**	[A] [B] [C] [D] [E] [F] [G] [H] [I] [A] [B] [C] [D] [E] [F] [G] [H] [I] [A] [B] [C] [D] [E] [F] [G] [H] [I] [A] [B] [C] [D] [E] [F] [G] [H] [I] [A] [B] [C] [D] [E] [F] [G] [H] [I] [A] [B] [C] [D] [E] [F] [G] [H] [I]
7	[A] [B] [C] [D] [E] [F] [A] [B] [C] [D] [E] [F] [A] [B] [C] [D] [E] [F] [A] [B] [C] [D] [E] [F]	**16**	[A] [B] [C] [D] [E] [F] [G] [H] [I] [A] [B] [C] [D] [E] [F] [G] [H] [I] [A] [B] [C] [D] [E] [F] [G] [H] [I] [A] [B] [C] [D] [E] [F] [G] [H] [I] [A] [B] [C] [D] [E] [F] [G] [H] [I] [A] [B] [C] [D] [E] [F] [G] [H] [I]
8	[A] [B] [C] [D] [E] [F] [A] [B] [C] [D] [E] [F] [A] [B] [C] [D] [E] [F] [A] [B] [C] [D] [E] [F]	**17**	[A] [B] [C] [D] [E] [F] [G] [H] [I] [A] [B] [C] [D] [E] [F] [G] [H] [I] [A] [B] [C] [D] [E] [F] [G] [H] [I] [A] [B] [C] [D] [E] [F] [G] [H] [I] [A] [B] [C] [D] [E] [F] [G] [H] [I] [A] [B] [C] [D] [E] [F] [G] [H] [I]
9	[A] [B] [C] [D] [E] [F] [A] [B] [C] [D] [E] [F] [A] [B] [C] [D] [E] [F] [A] [B] [C] [D] [E] [F]	**18**	[A] [B] [C] [D] [E] [F] [G] [H] [I] [A] [B] [C] [D] [E] [F] [G] [H] [I] [A] [B] [C] [D] [E] [F] [G] [H] [I] [A] [B] [C] [D] [E] [F] [G] [H] [I] [A] [B] [C] [D] [E] [F] [G] [H] [I] [A] [B] [C] [D] [E] [F] [G] [H] [I]

19	[A] [B] [C] [D] [E] [F] [G] [H] [I] [J] [K] [L] [M] [A] [B] [C] [D] [E] [F] [G] [H] [I] [J] [K] [L] [M]	**28**	[A] [B] [C] [D] [E] [F] [G] [H] [I] [J] [K] [L] [M] [A] [B] [C] [D] [E] [F] [G] [H] [I] [J] [K] [L] [M]
20	[A] [B] [C] [D] [E] [F] [G] [H] [I] [J] [K] [L] [M] [A] [B] [C] [D] [E] [F] [G] [H] [I] [J] [K] [L] [M]	**29**	[A] [B] [C] [D] [E] [F] [G] [H] [I] [J] [K] [L] [M] [A] [B] [C] [D] [E] [F] [G] [H] [I] [J] [K] [L] [M]
21	[A] [B] [C] [D] [E] [F] [G] [H] [I] [J] [K] [L] [M] [A] [B] [C] [D] [E] [F] [G] [H] [I] [J] [K] [L] [M]	**30**	[A] [B] [C] [D] [E] [F] [G] [H] [I] [J] [K] [L] [M] [A] [B] [C] [D] [E] [F] [G] [H] [I] [J] [K] [L] [M]
22	[A] [B] [C] [D] [E] [F] [G] [H] [I] [J] [K] [L] [M] [A] [B] [C] [D] [E] [F] [G] [H] [I] [J] [K] [L] [M]	**31**	[A] [B] [C] [D] [E] [F] [G] [H] [I] [J] [K] [L] [M] [A] [B] [C] [D] [E] [F] [G] [H] [I] [J] [K] [L] [M]
23	[A] [B] [C] [D] [E] [F] [G] [H] [I] [J] [K] [L] [M] [A] [B] [C] [D] [E] [F] [G] [H] [I] [J] [K] [L] [M]	**32**	[A] [B] [C] [D] [E] [F] [G] [H] [I] [J] [K] [L] [M] [A] [B] [C] [D] [E] [F] [G] [H] [I] [J] [K] [L] [M]
24	[A] [B] [C] [D] [E] [F] [G] [H] [I] [J] [K] [L] [M] [A] [B] [C] [D] [E] [F] [G] [H] [I] [J] [K] [L] [M]	**33**	[A] [B] [C] [D] [E] [F] [G] [H] [I] [J] [K] [L] [M] [A] [B] [C] [D] [E] [F] [G] [H] [I] [J] [K] [L] [M]
25	[A] [B] [C] [D] [E] [F] [G] [H] [I] [J] [K] [L] [M] [A] [B] [C] [D] [E] [F] [G] [H] [I] [J] [K] [L] [M]	**34**	[A] [B] [C] [D] [E] [F] [G] [H] [I] [J] [K] [L] [M] [A] [B] [C] [D] [E] [F] [G] [H] [I] [J] [K] [L] [M]
26	[A] [B] [C] [D] [E] [F] [G] [H] [I] [J] [K] [L] [M] [A] [B] [C] [D] [E] [F] [G] [H] [I] [J] [K] [L] [M]	**35**	[A] [B] [C] [D] [E] [F] [G] [H] [I] [J] [K] [L] [M] [A] [B] [C] [D] [E] [F] [G] [H] [I] [J] [K] [L] [M]
27	[A] [B] [C] [D] [E] [F] [G] [H] [I] [J] [K] [L] [M] [A] [B] [C] [D] [E] [F] [G] [H] [I] [J] [K] [L] [M]	**36**	[A] [B] [C] [D] [E] [F] [G] [H] [I] [J] [K] [L] [M] [A] [B] [C] [D] [E] [F] [G] [H] [I] [J] [K] [L] [M]

37	[A] [B] [C] [D] [E] [F] [G] [H] [I] [J] [A] [B] [C] [D] [E] [F] [G] [H] [I] [J] [A] [B] [C] [D] [E] [F] [G] [H] [I] [J] [A] [B] [C] [D] [E] [F] [G] [H] [I] [J] [A] [B] [C] [D] [E] [F] [G] [H] [I] [J] [A] [B] [C] [D] [E] [F] [G] [H] [I] [J]	**42**	[A] [B] [C] [D] [E] [F] [G] [H] [I] [J] [A] [B] [C] [D] [E] [F] [G] [H] [I] [J] [A] [B] [C] [D] [E] [F] [G] [H] [I] [J] [A] [B] [C] [D] [E] [F] [G] [H] [I] [J] [A] [B] [C] [D] [E] [F] [G] [H] [I] [J] [A] [B] [C] [D] [E] [F] [G] [H] [I] [J]
38	[A] [B] [C] [D] [E] [F] [G] [H] [I] [J] [A] [B] [C] [D] [E] [F] [G] [H] [I] [J] [A] [B] [C] [D] [E] [F] [G] [H] [I] [J] [A] [B] [C] [D] [E] [F] [G] [H] [I] [J] [A] [B] [C] [D] [E] [F] [G] [H] [I] [J] [A] [B] [C] [D] [E] [F] [G] [H] [I] [J]	**43**	[A] [B] [C] [D] [E] [F] [G] [H] [I] [J] [K] [L] [A] [B] [C] [D] [E] [F] [G] [H] [I] [J] [K] [L] [A] [B] [C] [D] [E] [F] [G] [H] [I] [J] [K] [L] [A] [B] [C] [D] [E] [F] [G] [H] [I] [J] [K] [L] [A] [B] [C] [D] [E] [F] [G] [H] [I] [J] [K] [L] [A] [B] [C] [D] [E] [F] [G] [H] [I] [J] [K] [L] [A] [B] [C] [D] [E] [F] [G] [H] [I] [J] [K] [L] [A] [B] [C] [D] [E] [F] [G] [H] [I] [J] [K] [L]
39	[A] [B] [C] [D] [E] [F] [G] [H] [I] [J] [A] [B] [C] [D] [E] [F] [G] [H] [I] [J] [A] [B] [C] [D] [E] [F] [G] [H] [I] [J] [A] [B] [C] [D] [E] [F] [G] [H] [I] [J] [A] [B] [C] [D] [E] [F] [G] [H] [I] [J] [A] [B] [C] [D] [E] [F] [G] [H] [I] [J]	**44**	[A] [B] [C] [D] [E] [F] [G] [H] [I] [J] [K] [L] [A] [B] [C] [D] [E] [F] [G] [H] [I] [J] [K] [L] [A] [B] [C] [D] [E] [F] [G] [H] [I] [J] [K] [L] [A] [B] [C] [D] [E] [F] [G] [H] [I] [J] [K] [L] [A] [B] [C] [D] [E] [F] [G] [H] [I] [J] [K] [L] [A] [B] [C] [D] [E] [F] [G] [H] [I] [J] [K] [L] [A] [B] [C] [D] [E] [F] [G] [H] [I] [J] [K] [L] [A] [B] [C] [D] [E] [F] [G] [H] [I] [J] [K] [L]
40	[A] [B] [C] [D] [E] [F] [G] [H] [I] [J] [A] [B] [C] [D] [E] [F] [G] [H] [I] [J] [A] [B] [C] [D] [E] [F] [G] [H] [I] [J] [A] [B] [C] [D] [E] [F] [G] [H] [I] [J] [A] [B] [C] [D] [E] [F] [G] [H] [I] [J] [A] [B] [C] [D] [E] [F] [G] [H] [I] [J]	**45**	[A] [B] [C] [D] [E] [F] [G] [H] [I] [J] [K] [L] [A] [B] [C] [D] [E] [F] [G] [H] [I] [J] [K] [L] [A] [B] [C] [D] [E] [F] [G] [H] [I] [J] [K] [L] [A] [B] [C] [D] [E] [F] [G] [H] [I] [J] [K] [L] [A] [B] [C] [D] [E] [F] [G] [H] [I] [J] [K] [L] [A] [B] [C] [D] [E] [F] [G] [H] [I] [J] [K] [L] [A] [B] [C] [D] [E] [F] [G] [H] [I] [J] [K] [L] [A] [B] [C] [D] [E] [F] [G] [H] [I] [J] [K] [L]
41	[A] [B] [C] [D] [E] [F] [G] [H] [I] [J] [A] [B] [C] [D] [E] [F] [G] [H] [I] [J] [A] [B] [C] [D] [E] [F] [G] [H] [I] [J] [A] [B] [C] [D] [E] [F] [G] [H] [I] [J] [A] [B] [C] [D] [E] [F] [G] [H] [I] [J] [A] [B] [C] [D] [E] [F] [G] [H] [I] [J]	**46**	[A] [B] [C] [D] [E] [F] [G] [H] [I] [J] [K] [L] [A] [B] [C] [D] [E] [F] [G] [H] [I] [J] [K] [L] [A] [B] [C] [D] [E] [F] [G] [H] [I] [J] [K] [L] [A] [B] [C] [D] [E] [F] [G] [H] [I] [J] [K] [L] [A] [B] [C] [D] [E] [F] [G] [H] [I] [J] [K] [L] [A] [B] [C] [D] [E] [F] [G] [H] [I] [J] [K] [L] [A] [B] [C] [D] [E] [F] [G] [H] [I] [J] [K] [L] [A] [B] [C] [D] [E] [F] [G] [H] [I] [J] [K] [L]

47	[A] [B] [C] [D] [E] [F] [G] [H] [I] [J] [K] [L] [A] [B] [C] [D] [E] [F] [G] [H] [I] [J] [K] [L] [A] [B] [C] [D] [E] [F] [G] [H] [I] [J] [K] [L] [A] [B] [C] [D] [E] [F] [G] [H] [I] [J] [K] [L] [A] [B] [C] [D] [E] [F] [G] [H] [I] [J] [K] [L] [A] [B] [C] [D] [E] [F] [G] [H] [I] [J] [K] [L] [A] [B] [C] [D] [E] [F] [G] [H] [I] [J] [K] [L] [A] [B] [C] [D] [E] [F] [G] [H] [I] [J] [K] [L]	**51**	[A] [B] [C] [D] [E] [F] [G] [H] [I] [J] [K] [L] [N] [A] [B] [C] [D] [E] [F] [G] [H] [I] [J] [K] [L] [N] [A] [B] [C] [D] [E] [F] [G] [H] [I] [J] [K] [L] [N] [A] [B] [C] [D] [E] [F] [G] [H] [I] [J] [K] [L] [N] [A] [B] [C] [D] [E] [F] [G] [H] [I] [J] [K] [L] [N] [A] [B] [C] [D] [E] [F] [G] [H] [I] [J] [K] [L] [N] [A] [B] [C] [D] [E] [F] [G] [H] [I] [J] [K] [L] [N] [A] [B] [C] [D] [E] [F] [G] [H] [I] [J] [K] [L] [N] [A] [B] [C] [D] [E] [F] [G] [H] [I] [J] [K] [L] [N]
48	[A] [B] [C] [D] [E] [F] [G] [H] [I] [J] [K] [L] [A] [B] [C] [D] [E] [F] [G] [H] [I] [J] [K] [L] [A] [B] [C] [D] [E] [F] [G] [H] [I] [J] [K] [L] [A] [B] [C] [D] [E] [F] [G] [H] [I] [J] [K] [L] [A] [B] [C] [D] [E] [F] [G] [H] [I] [J] [K] [L] [A] [B] [C] [D] [E] [F] [G] [H] [I] [J] [K] [L] [A] [B] [C] [D] [E] [F] [G] [H] [I] [J] [K] [L] [A] [B] [C] [D] [E] [F] [G] [H] [I] [J] [K] [L]	**52**	[A] [B] [C] [D] [E] [F] [G] [H] [I] [J] [K] [L] [N] [A] [B] [C] [D] [E] [F] [G] [H] [I] [J] [K] [L] [N] [A] [B] [C] [D] [E] [F] [G] [H] [I] [J] [K] [L] [N] [A] [B] [C] [D] [E] [F] [G] [H] [I] [J] [K] [L] [N] [A] [B] [C] [D] [E] [F] [G] [H] [I] [J] [K] [L] [N] [A] [B] [C] [D] [E] [F] [G] [H] [I] [J] [K] [L] [N] [A] [B] [C] [D] [E] [F] [G] [H] [I] [J] [K] [L] [N] [A] [B] [C] [D] [E] [F] [G] [H] [I] [J] [K] [L] [N] [A] [B] [C] [D] [E] [F] [G] [H] [I] [J] [K] [L] [N]
49	[A] [B] [C] [D] [E] [F] [G] [H] [I] [J] [K] [L] [N] [A] [B] [C] [D] [E] [F] [G] [H] [I] [J] [K] [L] [N] [A] [B] [C] [D] [E] [F] [G] [H] [I] [J] [K] [L] [N] [A] [B] [C] [D] [E] [F] [G] [H] [I] [J] [K] [L] [N] [A] [B] [C] [D] [E] [F] [G] [H] [I] [J] [K] [L] [N] [A] [B] [C] [D] [E] [F] [G] [H] [I] [J] [K] [L] [N] [A] [B] [C] [D] [E] [F] [G] [H] [I] [J] [K] [L] [N] [A] [B] [C] [D] [E] [F] [G] [H] [I] [J] [K] [L] [N] [A] [B] [C] [D] [E] [F] [G] [H] [I] [J] [K] [L] [N]	**53**	[A] [B] [C] [D] [E] [F] [G] [H] [I] [J] [K] [L] [N] [A] [B] [C] [D] [E] [F] [G] [H] [I] [J] [K] [L] [N] [A] [B] [C] [D] [E] [F] [G] [H] [I] [J] [K] [L] [N] [A] [B] [C] [D] [E] [F] [G] [H] [I] [J] [K] [L] [N] [A] [B] [C] [D] [E] [F] [G] [H] [I] [J] [K] [L] [N] [A] [B] [C] [D] [E] [F] [G] [H] [I] [J] [K] [L] [N] [A] [B] [C] [D] [E] [F] [G] [H] [I] [J] [K] [L] [N] [A] [B] [C] [D] [E] [F] [G] [H] [I] [J] [K] [L] [N] [A] [B] [C] [D] [E] [F] [G] [H] [I] [J] [K] [L] [N]
50	[A] [B] [C] [D] [E] [F] [G] [H] [I] [J] [K] [L] [N] [A] [B] [C] [D] [E] [F] [G] [H] [I] [J] [K] [L] [N] [A] [B] [C] [D] [E] [F] [G] [H] [I] [J] [K] [L] [N] [A] [B] [C] [D] [E] [F] [G] [H] [I] [J] [K] [L] [N] [A] [B] [C] [D] [E] [F] [G] [H] [I] [J] [K] [L] [N] [A] [B] [C] [D] [E] [F] [G] [H] [I] [J] [K] [L] [N] [A] [B] [C] [D] [E] [F] [G] [H] [I] [J] [K] [L] [N] [A] [B] [C] [D] [E] [F] [G] [H] [I] [J] [K] [L] [N] [A] [B] [C] [D] [E] [F] [G] [H] [I] [J] [K] [L] [N]	**54**	[A] [B] [C] [D] [E] [F] [G] [H] [I] [J] [K] [L] [N] [A] [B] [C] [D] [E] [F] [G] [H] [I] [J] [K] [L] [N] [A] [B] [C] [D] [E] [F] [G] [H] [I] [J] [K] [L] [N] [A] [B] [C] [D] [E] [F] [G] [H] [I] [J] [K] [L] [N] [A] [B] [C] [D] [E] [F] [G] [H] [I] [J] [K] [L] [N] [A] [B] [C] [D] [E] [F] [G] [H] [I] [J] [K] [L] [N] [A] [B] [C] [D] [E] [F] [G] [H] [I] [J] [K] [L] [N] [A] [B] [C] [D] [E] [F] [G] [H] [I] [J] [K] [L] [N] [A] [B] [C] [D] [E] [F] [G] [H] [I] [J] [K] [L] [N]

55	[A] [B] [C] [D] [A] [B] [C] [D] [A] [B] [C] [D] [A] [B] [C] [D]	**61**	[A] [B] [C] [D] [A] [B] [C] [D] [A] [B] [C] [D] [A] [B] [C] [D]
56	[A] [B] [C] [D] [A] [B] [C] [D] [A] [B] [C] [D] [A] [B] [C] [D]	**62**	[A] [B] [C] [D] [A] [B] [C] [D] [A] [B] [C] [D] [A] [B] [C] [D]
57	[A] [B] [C] [D] [A] [B] [C] [D] [A] [B] [C] [D] [A] [B] [C] [D]	**63**	[A] [B] [C] [D] [A] [B] [C] [D] [A] [B] [C] [D] [A] [B] [C] [D]
58	[A] [B] [C] [D] [A] [B] [C] [D] [A] [B] [C] [D] [A] [B] [C] [D]	**64**	[A] [B] [C] [D] [A] [B] [C] [D] [A] [B] [C] [D] [A] [B] [C] [D]
59	[A] [B] [C] [D] [A] [B] [C] [D] [A] [B] [C] [D] [A] [B] [C] [D]	**65**	[A] [B] [C] [D] [A] [B] [C] [D] [A] [B] [C] [D] [A] [B] [C] [D]
60	[A] [B] [C] [D] [A] [B] [C] [D] [A] [B] [C] [D] [A] [B] [C] [D]	**66**	[A] [B] [C] [D] [A] [B] [C] [D] [A] [B] [C] [D] [A] [B] [C] [D]

67	[A] [B] [C] [D] [E] [A] [B] [C] [D] [E] [A] [B] [C] [D] [E] [A] [B] [C] [D] [E] [A] [B] [C] [D] [E]	**70**	[A] [B] [C] [D] [E] [A] [B] [C] [D] [E] [A] [B] [C] [D] [E] [A] [B] [C] [D] [E] [A] [B] [C] [D] [E]
68	[A] [B] [C] [D] [E] [A] [B] [C] [D] [E] [A] [B] [C] [D] [E] [A] [B] [C] [D] [E] [A] [B] [C] [D] [E]	**71**	[A] [B] [C] [D] [E] [A] [B] [C] [D] [E] [A] [B] [C] [D] [E] [A] [B] [C] [D] [E] [A] [B] [C] [D] [E]
69	[A] [B] [C] [D] [E] [A] [B] [C] [D] [E] [A] [B] [C] [D] [E] [A] [B] [C] [D] [E] [A] [B] [C] [D] [E]	**72**	[A] [B] [C] [D] [E] [A] [B] [C] [D] [E] [A] [B] [C] [D] [E] [A] [B] [C] [D] [E] [A] [B] [C] [D] [E]

73	[A] [B] [C] [D] [E] [F] [G] [H] [I] [J] [K] [L] [M] [N] [O] [P] [Q] [R] [S] [T] [U] [V] [W] [X] [Y] [Z] [a] [b] [c] [d] [e]
74	[A] [B] [C] [D] [E] [F] [G] [H] [I] [J] [K] [L] [M] [N] [O] [P] [Q] [R] [S] [T] [U] [V] [W] [X] [Y] [Z] [a] [b] [c] [d] [e]
75	[A] [B] [C] [D] [E] [F] [G] [H] [I] [J] [K] [L] [M] [N] [O] [P] [Q] [R] [S] [T] [U] [V] [W] [X] [Y] [Z] [a] [b] [c] [d] [e]
76	[A] [B] [C] [D] [E] [F] [G] [H] [I] [J] [K] [L] [M] [N] [O] [P] [Q] [R] [S] [T] [U] [V] [W] [X] [Y] [Z] [a] [b] [c] [d] [e]
77	[A] [B] [C] [D] [E] [F] [G] [H] [I] [J] [K] [L] [M] [N] [O] [P] [Q] [R] [S] [T] [U] [V] [W] [X] [Y] [Z] [a] [b] [c] [d] [e]
78	[1] [2] [3] [4] [5] [6] [7] [8] [9] [10]
79	[A] [B] [C] [D] [E] [F] [G] [H] [I] [J] [K] [L] [M] [N] [O] [P] [Q] [R] [S] [T] [U] [V] [W] [X] [Y] [Z] [a] [b] [c] [d] [e]
80	[A] [B] [C] [D] [E] [F] [G] [H] [I] [J] [K] [L] [M] [N] [O] [P] [Q] [R] [S] [T] [U] [V] [W] [X] [Y] [Z] [a] [b] [c] [d] [e]
81	[A] [B] [C] [D] [E] [F] [G] [H] [I] [J] [K] [L] [M] [N] [O] [P] [Q] [R] [S] [T] [U] [V] [W] [X] [Y] [Z] [a] [b] [c] [d] [e]
82	[A] [B] [C] [D] [E] [F] [G] [H] [I] [J] [K] [L] [M] [N] [O] [P] [Q] [R] [S] [T] [U] [V] [W] [X] [Y] [Z] [a] [b] [c] [d] [e]
83	[A] [B] [C] [D] [E] [F] [G] [H] [I] [J] [K] [L] [M] [N] [O] [P] [Q] [R] [S] [T] [U] [V] [W] [X] [Y] [Z] [a] [b] [c] [d] [e]
84	[1] [2] [3] [4] [5] [6] [7] [8] [9] [10]
85	[A] [B] [C] [D] [E] [F] [G] [H] [I] [J] [K] [L] [M] [N] [O] [P] [Q] [R] [S] [T] [U] [V] [W] [X] [Y] [Z] [a] [b] [c] [d] [e]
86	[A] [B] [C] [D] [E] [F] [G] [H] [I] [J] [K] [L] [M] [N] [O] [P] [Q] [R] [S] [T] [U] [V] [W] [X] [Y] [Z] [a] [b] [c] [d] [e]
87	[A] [B] [C] [D] [E] [F] [G] [H] [I] [J] [K] [L] [M] [N] [O] [P] [Q] [R] [S] [T] [U] [V] [W] [X] [Y] [Z] [a] [b] [c] [d] [e]
88	[A] [B] [C] [D] [E] [F] [G] [H] [I] [J] [K] [L] [M] [N] [O] [P] [Q] [R] [S] [T] [U] [V] [W] [X] [Y] [Z] [a] [b] [c] [d] [e]
89	[A] [B] [C] [D] [E] [F] [G] [H] [I] [J] [K] [L] [M] [N] [O] [P] [Q] [R] [S] [T] [U] [V] [W] [X] [Y] [Z] [a] [b] [c] [d] [e]
90	[1] [2] [3] [4] [5] [6] [7] [8] [9] [10]

写作·五级样卷录音材料及答案

写字部分

一、

（一）录音材料

1. 药，药品的药；屈，委屈的屈
2. 亿，一亿元的亿；顺，顺便的顺
3. 番，番茄的番；康，健康的康
4. 贩，小贩的贩；课，上课的课
5. 错，错误的错；缸，鱼缸的缸
6. 袋，口袋的袋；票，邮票的票
7. 暗，黑暗的暗；皆，皆大欢喜的皆
8. 堡，城堡的堡；凑，凑热闹的凑
9. 巡，巡逻的巡；频，频道的频
10. 涯，天涯的涯；蚂，蚂蚁的蚂
11. 愤，愤怒的愤；狐，狐狸的狐
12. 跌，跌倒的跌；聋，聋哑人的聋
13. 俘，俘虏的俘；浩，浩浩荡荡的浩
14. 拘，拘束的拘；怯，胆怯的怯
15. 惫，疲惫的惫；蝶，蝴蝶的蝶
16. 摧，摧毁的摧；氛，氛围的氛
17. 缤，缤纷的缤；酱，酱油的酱
18. 踩，踩踏的踩；筷，筷子的筷

（二）答案

1.（1）AF （2）BD
2.（1）CA （2）ED
3.（1）CA （2）EB
4.（1）EF （2）DB
5.（1）AC （2）FD
6.（1）BD （2）AE
7.（1）DA （2）FB
8.（1）BA （2）FD
9.（1）BE （2）CD
10.（1）BE （2）DA
11.（1）BF （2）DA
12.（1）CE （2）BF
13.（1）ADG （2）BEI
14.（1）BDG （2）ICF
15.（1）ADG （2）CIE
16.（1）DAI （2）FBG
17.（1）BEI （2）CFH
18.（1）AGI （2）HDF

作文部分

二、 19.EG 20.CA 21.BM 22.IF 23.HJ 24.DL

25.CA 26.GL 27.BD 28.ME 29.HJ 30.FK

31.LA 32.DB 33.GC 34.EI 35.KM 36.FH

三、 37.EFCAB 38.ABCDH/CBADH 39.GHBCDE 40.CDABGF

41.CDBAF 42.CDEFBG 43.AFGHBCD 44.BCDAFGHI

45.DHAFBC 46.GHIJFAE 47.CIADEFG 48.CDJFGH

49.DEHABCIJ 50.ABCHIJEF 51.EFABCGHIJ/EFBCAGHIJ

52.EFGACDHIJ 53.EFHABCIJ 54.ADEBFGHIJ

四、 55.CADB 56.BDCA 57.BADC 58.DBCA 59.ADCB 60.CBAD

61.CDAB 62.BDAC 63.BDAC 64.CABD 65.CABD 66.BDAC

67.BAECD 68.DECAB 69.BEDCA 70.CBEDA 71.EACBD 72.CEADB

五、 73.GHI 74.AB 75.DE 76.BC 77.AB

78. ② 79.AB/HI 80.AB 81.FGHI 82.BC

83.DE 84. ② 85.IM/JM 86.MNOP 87.IJK

88.AG 89.BK 90. ②③ / ③④

华文水平测试

写作·六级

（适用年龄：18 岁左右或成人）

样　卷

暨南大学·华文考试院

中国·广州

注意事项

一、本试卷共 90 题，分两部分：

1. 写字（一大题，每大题 18 小题）

2. 作文（四大题，每大题 18 小题）

二、所有答案必须写在答题卡上，写在试卷上不得分

三、考试时间 90 分钟（含填涂答题卡）

第一部分　写字

一、听录音，按书写顺序选出你听到的汉字的部件。每题听两遍。

（第 1—18 题，共 18 题）

例： A. 井　B. 人　C. 云　D. 又　E. 氵　F. 讠

（1）				（2）		

解析： 你听到“讲，讲话的讲”“汉，汉字的汉”，所以按书写顺序选“FA”“ED”。

1. A. 氵　B. 辶　C. 万　D. 大　E. 齐　F. 示

（1）				（2）		

2. A. 目　B. 叔　C. 宀　D. 日　E. 亡　F. 青

（1）				（2）		

3. A. 各　B. 具　C. 月　D. 米　E. 目　F. 忄

（1）				（2）		

4. A. ⻊　B. 它　C. 虫　D. 爫　E. 巨　F. 见

（1）				（2）		

5. A. 官　B. 刂　C. 次　D. 饣　E. 录　F. 皿

（1）				（2）		

6. A. 朵　B. 耳　C. 钅　D. 身　E. 建　F. 总

（1）				（2）		

7. A. 儿　B. 彳　C. 巨　D. ⺍　E. 木　F. 正　G. 口　H. 氵　I. 心

(1)					(2)			

8. A. 幺　B. 日　C. 亠　D. 贝　E. 龴　F. 𣥂　G. 田　H. 丁　I. 广

(1)					(2)			

9. A. 白　B. 艹　C. 扌　D. 心　E. 匋　F. 钅　G. 匆　H. 曰　I. 巾

(1)					(2)			

10. A. 隹　B. 里　C. 灬　D. 纟　E. 月　F. 艹　G. 皿　H. 日　I. 广

(1)					(2)			

11. A. 白　B. 並　C. 𧾷　D. 𧾷　E. 讠　F. 艹　G. 爫　H. 㐬　I. 日

(1)					(2)			

12. A. 口　B. 鸟　C. 纟　D. 日　E. 生　F. 酉　G. 龷　H. 女　I. 米

(1)					(2)			

13. A. 贝　B. 小　C. 氵　D. 弓　E. 亻　F. 匕　G. 𠂉　H. 壬　I. 人

(1)					(2)			

14. A. 罒　B. 贝　C. 曰　D. 夂　E. 刀　F. 口　G. 大　H. 又　I. 丰

(1)					(2)			

15. A. 厄　B. 衤　C. 一　D. 讠　E. 巳　F. 夕　G. 勹　H. ⺈　I. 千

(1)					(2)			

16. A. 曰 B. 氵 C. 刀 D. 扌 E. 辶 F. 干 G. 文 H. 口 I. 刂

(1)			

(2)			

17. A. 欠 B. 匕 C. 舟 D. 隹 E. 冫 F. 灬 G. 宀 H. 忄 I. 瓦

(1)			

(2)			

18. A. 林 B. 讠 C. 灰 D. 衤 E. 木 F. 山 G. 示 H. 石 I. 世

(1)			

(2)			

第二部分　作文

二、选字填空，扩充词语。（第 19—36 题，共 18 题）

例： A. 谷 B. 繁 C. 纽 D. 令 E. 醉 F. 生 G. 明 H. 拟 I. 级 J. 删 K. 领 L. 廷 M. 项

频发：频____发____

解析：“频发”即为“频繁发生”之意，应将“繁”“生”填入空格，所以按顺序选 BF。

A. 先 B. 行 C. 展 D. 狂 E. 回 F. 病 G. 路 H. 冒 I. 痕 J. 整 K. 格 L. 播 M. 灭

19. 扩销：扩____销____
20. 抢答：抢____ ____答
21. 流感：流____性感____
22. 杀菌：杀____ ____菌
23. 疯传：疯____传____
24. 调价：调____价____

A. 推 B. 案 C. 立 D. 论 E. 我 F. 折 G. 遭 H. 建 I. 大 J. 绩 K. 卸 L. 音 M. 分

25. 建档：建____档____
26. 自荐：自____ ____荐
27. 立功：____立功____
28. 乐理：____乐理____
29. 受挫：____受挫____
30. 扩散：扩____ ____散

A. 消 B. 讽 C. 途 D. 嘲 E. 病 F. 凭 G. 度 H. 乘 I. 紧 J. 硕 K. 设 L. 治 M. 明

31. 除弊：____除弊____
32. 中转：中____转____
33. 讥笑：讥____ ____笑
34. 表态：表____态____
35. 空想：____空____想
36. 急救：____急救____

三、重组句子，使重组后语句通顺，句意和原文最大程度接近。（第37—54题，共18题）

• 所给选项不一定都要使用。

• 本题型部分题目答案不唯一，答对一种即可得分。

例： 秋天 到了，变得 枯黄 的 树叶 一片片 落下。
A B C D E F G H

____，____ ____ ____，____落下。

解析： 重组后的句子为：“秋天，树叶变得枯黄，一片片落下。”所以按顺序选AFCDG。

37. 毕业 联欢 晚会 上，大家 都要 表演 节目。
A B C D E F G H

____ ____在____ ____ ____ ____ ____ ____。

38. 她 最快乐的 时候，是 每个月 去 欢乐谷 跳舞。
A B C D E F G H

____ ____ ____ ____是____ ____ ____。

39. 天 是 暗沉 的，像 老宅里 缠满了 蜘蛛网 的 屋顶。
A B C D E F G H I J

____ ____得____ ____ ____ ____ ____ ____。

40. 中国 经济 持续 快速 发展 的 一个 重要原因 是 对外开放。
A B C D E F G H I J

____ ____ ____ ____ ____，对外开放____ ____ ____。

41. 小吴 是 泰国 派出的 技术人员，来中国 开展了 为期半年的 工作。
A B C D E F G H I

作为____ ____ ____，____ ____ ____ ____ ____。

42. 表弟 有点儿胖，需要 运动了。每天一放学 我 就 拉着 他 去锻炼。
A B C D E F G H I J

____ ____减肥了，____ ____被____ ____ ____。

43. 深水 机器人 可以 在 人类 潜水员 无法 抵达的 海域 进行 探索。

A B C D E F G H I J K

在____ ____ ____ ____ ____，____ ____ ____ ____ ____。

44. 林小姐 家里 珍藏了 多年的 一款 鼻烟壶，玲珑剔透，令人 啧啧称奇。

A B C D E F G H I

这款____是____ ____ ____ ____传家宝，____，看后无不____。

45. 在 一些 吊椅 上 久坐 容易 诱发 脊背疼痛，是由于 这些吊椅 不符合 人体力学原理。

A B C D E F G H I J K L

____ ____ ____ ____，____ ____导致____。

46. 减少 经常接触的 物体上的 微生物 含量，关键的 卫生措施 是 定期洗手 和表面消毒。

A B C D E F G H I J

____ ____是两个____ ____，可以____ ____ ____ ____ ____。

47. 由于 信息技术的 发展，文创内容传播方式 发生了 变革，版权保护 方面，信息技术 也给它 带来了 诸多挑战。

A B C D E F G H I J K L

____ ____引发了____的____，也给____ ____ ____。

48. 接种疫苗 是 战胜疫情的 重要手段，寻找 有效的 治疗新冠的 药物 也能 帮助 战胜 疫情。

A B C D E F G H I J K L

除了____，____ ____ ____ ____也是____ ____之一。

49. 中方企业 结合 越南当地品种 改良培育的 单个 1.5kg 左右 的 小南瓜，
A B C D E F G H I

深受 民众 喜爱。
J K L

____ ____ ____ ____ ____，____重约____，____ ____ ____。

50. 豆奶 蛋白质含量 和 牛奶 含量 相近，大豆蛋白的 质量 比 牛奶的 还是
A B C D E F G H I J K

略逊一筹。
L

____和____虽然____ ____，但____ ____ ____ ____。

51. 我们的心湖 被 “自私”的船桨 搅乱了，泛起了 波澜，原有的 清澈
A B C D E F G H

与宁静 失去了。
I J

____ ____ ____，____ ____，____ ____ ____与宁静。

52. 影视 作品 需要 带给 观众 艺术熏陶 和思想洗礼的 会心一笑，而不是
A B C D E F G H I

内心空虚的 呵呵傻乐。
J K

相对于____ ____，____更____ ____ ____带来____ ____ ____。

53. 随着 观众们的 见识和智慧 不断进阶，影视创作的 思路 不应该
A B C D E F G

停滞不前，不能 在低智化的 套路里 洋洋自得。
H I J K L

____ ____随时代____，____ ____怎能____，依旧____ ____ ____？

54. 通过 经常接触的物体，病毒 可以 转移到 其他人身上，当 数量足够多
A　B　C　D　E　F　G　H

的 病毒 存活下来，就会 导致感染。
I　J　K　L　M

____ ____通过____ ____ ____，如果存活的____，____ ____。

四、将所给的选项组成语段，保证语义连贯、逻辑清晰。（第55—72题，共18题）

例：A. 妈妈给他买了很多好吃的

B. 后天是明明的生日

C. 还买了新衣服

____，____，____，他高兴极了。

解析：这段话应该是："后天是明明的生日，妈妈给他买了很多好吃的，还买了新衣服，他高兴极了。"所以按顺序选BAC。

55. A. 婴儿出生四个月左右就有辨别色彩的能力

B. 但有时候受环境的影响

C. 大概要在周岁以后了

D. 而完成所有的色彩感受

____，____，____。____，有些孩子到了五六岁仍不能把色彩归类。

56. A. 邻居和同事们都很喜欢他

B. 但是，爸爸有个抽烟的坏习惯

C. 爸爸待人真诚热情

D. 我暗暗下定决心，要帮他把烟戒掉

____，对工作也认真负责，____。____，____。

57. A. 被笼罩在暗雾中

B. 推窗一望

C. 我拉开窗帘

D. 山岗上的矮松树模模糊糊的

____，____，雨已经停了。____，____。

58. A. 父母一定要及时表扬并说出原因

B. 习惯是一件非常重要的事情

C. 当发现孩子做了一件好事

D. 往往会影响孩子一生

____，____。____，____，这有助于培养孩子良好的行为习惯。

59. A. 别人看到的是鞋

B. 许多人常常忘记这个道理

C. 但自己感受到的是脚

D. 而委屈了自己的脚

____，____。不要只贪图鞋的漂亮，____。____。

60. A. 而看看远处微微摇晃的灯光

B. 夜读之余，我会拉开窗帘

C. 看看夜晚的星空

D. 在那柔和的灯光下

____，____，____，____，是不是也有个夜读的人呢?

61. A. 他一次次地嘱咐我

B. 脾气一向暴躁的父亲

C. 再也没有骂过我

D. 以后做一个对社会有用的人

E. 叫我用功读书

不知道什么时候开始，____，____。____，____，____。

62. A. 月一旦全圆就要缺损了
B. 而未全开未全圆
C. 有一种人生境界
D. 就还会有所期待
E. 叫作花未全开月未圆
____，____。花一旦全开就要凋谢了，____，____，____。

63. A. 就去阅读和旅行吧
B. 读的书和走的路越多
C. 但眼界一定会宽一点
D. 当你感到迷茫时
E. 心胸一定会广一些
____，____。____，就算不能出类拔萃，____，____。

64. A. 变得沉默不语起来
B. 最终，他选择了离开
C. 因为他觉得
D. 也不会有什么进展了
E. 他听完这几句话
____，____，____，继续争执下去，____。____。

65. A. 小花从此也有了一个温暖的家
B. 小花是一只很可爱的流浪猫
C. 给它搭了一个简易的木头小窝
D. 它卧在车棚的破瓦中间浑身发抖
E. 我和阿龙就在院里的石榴树下
____。我们发现它时，____。____，____，____。

66. A. 乌鸦在中国人眼中是凶鸟
B. 如果我们抛弃偏见
C. 在加拿大人眼中却是吉祥鸟
D. 有些事物的价值也就改变了
E. 由此可见
____，____。____，事物的价值有时是因人而异的。____，____。

67. A. 还能清除人体新陈代谢后的产物，修补受伤的组织

B. 大蒜可提高机体的细胞免疫功能、体液免疫功能以及非特异性免疫功能

C. 不少实验证明，大蒜对人体有益

D. 这道屏障不仅可使人体免于病毒和细菌的攻击

E. 从而达到预防疾病的目的

____。____，帮人体构筑一道天然的健康防护屏障，____，____，____。

68. A. 如洪水、泥石流、海平面上升等

B. 冰川的融化与消退

C. 最先受到这些气候灾害冲击的

D. 便是北极圈里的格陵兰岛

E. 对环境和人类福祉有着极大的影响

____，____。全球冰川消融将带来很多自然灾害，____。____，____。

69. A. 因其形似人耳

B. 洱海位于大理古城以东

C. 泛舟湖上，湖水清澈透底

D. 是云南省第二大淡水湖

E. 故称洱海

____，____。____，____。____，感觉宁静而悠远。

70. A. 每段空闲的时间

B. 为了填充自己的空余时间

C. 大三那年他家里发生了很大的变故

D. 尽快驱走悲伤的情绪

E. 都变成了煎熬

____，____，____。____，____，他开始练习书法。

71. A. 他们或真诚或虚伪的笑脸
B. 真诚的笑脸会永远留在记忆深处
C. 滋润着我们每个人的心田
D. 生活中我们会看到亲人、朋友甚至素不相识的陌生人的笑脸
E. 让我们体会到人间冷暖
____，____，____，岁月更迭，____，____。

72. A. 这位母亲不一样
B. 连力所能及的事都不让孩子做
C. 会注重培养孩子的自理能力
D. 而是心平气和地讲道理
E. 有些家长特别溺爱孩子
____，____，____，____；她也不像某些家长动不动就对孩子发脾气，____。

五、按要求删减，使删后语句通顺，意思和原文保持最大程度一致。（第73—90题，共18题）

• **本题型部分题目答案不唯一，答对一种即可得分。**

例：①草地的另一边是一片芦苇丛，②这片芦苇长得很茂密，
A B C D E F G H I J K L　A B C D E F G H I
③就像一片原始森林。④到了深秋时节，⑤盛开的芦苇花
A B C D E F G H　A B C D E F　A B C D E F
还会随风飘到草地上来。
G H I J K L M N O P

1. ①句删不连续3字。
2. 结合上下文，②句删连续4字。
3. 在未经删改的所有句子中，删1句。

解析：1. ①句应删“的”、第二个“一”和“丛”3字，所以选CHL。
2. ②句中的“这片芦苇”在上句有所提及，可删，所以选ABCD。
3. 原文中，应删“就像一片原始森林”，所以选③。
（以上三题删减后，文本均连贯，且意思和原文保持最大程度一致。）

注意：

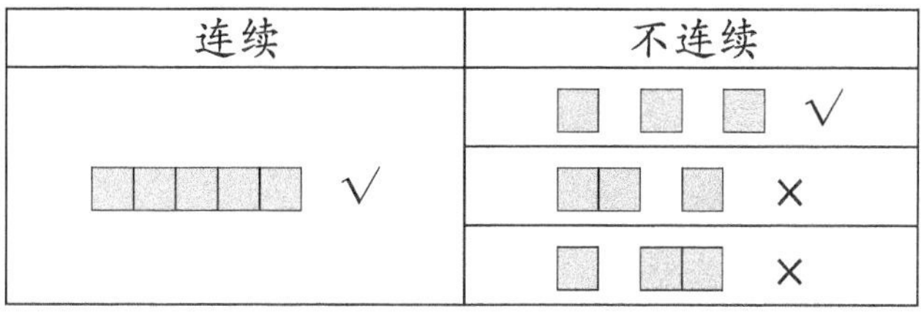

①海岛游是越来越热，②在国内，说到海岛游，③人们第一时间
A B C D E F G H A B C D E F G H A B C D E F

会想到的就是三亚，④很少会想到其他海岛度假，⑤这导致三亚
G H I J K L M N A B C D E F G H I J K A B C D E

人满为患、物价飞涨的情况，⑥来三亚的游客也因此纷纷抱怨。
F G H I J K L M N O P A B C D E F G H I J K L M

73. ①句删 1 字。

74. ③句删连续 3 字。

75. 结合上下文，④句删连续 2 字。

76. ⑤句删连续 3 字。

77. 结合上下文，⑥句删连续 4 字。

78. 在未经删改的所有句子中，删不连续 2 句。

①冬天虽常见风寒感冒，②但人们长期地待在有暖气的室内，空
A B C D E F G H I A B C D E F G H I J K L M N O

气不流通，③就很容易出现口干咽痛、发热头疼之类的风热感冒
P Q R S A B C D E F G H I J K L M N O P Q R S T U

症状。④对于风热感冒引起的咳嗽，⑤用我们常吃的水果——杨
V W A B C D E F G H I J K A B C D E F G H I

桃就能缓解。⑥杨桃含有大量糖类及维生素、有机酸等物质，
J K L M N A B C D E F G H I J K L M N O P Q R

⑦是人体生命活动所需的，⑧常吃这种水果不仅可补充机体营
A B C D E F G H I J A B C D E F G H I J K L M N

养，⑨也能增强人体抗病能力。
O A B C D E F G H I J

79. ②句删连续 2 字。

80. ⑤句删连续 3 字。

81. ⑥句删连续 2 字。

82. 结合上下文，⑧句删连续 4 字。

83. ⑨句删连续 2 字。

84. 在未经删改的所有句子中，删 1 句。

①随着居民的消费水平升级，②“美丽消费”逐渐成为亮丽风景
A B C D E F G H I J K　　　A B C D　E F G H I J K L

线。③从外资品牌占据大部分的市场份额，④到国产品牌快速崛
M　　A B C D E F G H I J K L M N O　　A B C D E F G H

起，⑤不断占领市场，⑥国内化妆品市场正在发生哪些变化？
I　　A B C D E F　　A B C D E F G H I J K L M N O

⑦国产化妆品品牌如何做大做强？⑧带着上述问题，⑨记者在部
A B C D E F G H I J K L M　　A B C D E F　　A B C D

分城市进行了相关的调查采访。
E F G H I J K L M N O P Q

85. ①句删连续 3 字。

86. ②句删不连续 3 字。

87. ③句删不连续 2 字。

88. 结合上下文，⑦句删连续 3 字。

89. ⑨句删连续 3 字。

90. 在未经删改的所有句子中，删不连续 2 句。

华文水平测试答题卡

写作 · 六级

姓名	

填涂要求	1. 请用 2B 铅笔填涂。 2. 正确填涂：■ 3. 修改时请用橡皮擦干净。 4. 请勿折叠、弄脏或弄破。

准考证号填涂区

[0]	[0]	[0]	[0]	[0]	[0]	[0]	[0]	[0]	[0]	[0]	[0]	[0]	[0]	[0]	[0]	[0]
[1]	[1]	[1]	[1]	[1]	[1]	[1]	[1]	[1]	[1]	[1]	[1]	[1]	[1]	[1]	[1]	[1]
[2]	[2]	[2]	[2]	[2]	[2]	[2]	[2]	[2]	[2]	[2]	[2]	[2]	[2]	[2]	[2]	[2]
[3]	[3]	[3]	[3]	[3]	[3]	[3]	[3]	[3]	[3]	[3]	[3]	[3]	[3]	[3]	[3]	[3]
[4]	[4]	[4]	[4]	[4]	[4]	[4]	[4]	[4]	[4]	[4]	[4]	[4]	[4]	[4]	[4]	[4]
[5]	[5]	[5]	[5]	[5]	[5]	[5]	[5]	[5]	[5]	[5]	[5]	[5]	[5]	[5]	[5]	[5]
[6]	[6]	[6]	[6]	[6]	[6]	[6]	[6]	[6]	[6]	[6]	[6]	[6]	[6]	[6]	[6]	[6]
[7]	[7]	[7]	[7]	[7]	[7]	[7]	[7]	[7]	[7]	[7]	[7]	[7]	[7]	[7]	[7]	[7]
[8]	[8]	[8]	[8]	[8]	[8]	[8]	[8]	[8]	[8]	[8]	[8]	[8]	[8]	[8]	[8]	[8]
[9]	[9]	[9]	[9]	[9]	[9]	[9]	[9]	[9]	[9]	[9]	[9]	[9]	[9]	[9]	[9]	[9]

1	[A] [B] [C] [D] [E] [F] [A] [B] [C] [D] [E] [F] [A] [B] [C] [D] [E] [F] [A] [B] [C] [D] [E] [F]	10	[A] [B] [C] [D] [E] [F] [G] [H] [I] [A] [B] [C] [D] [E] [F] [G] [H] [I] [A] [B] [C] [D] [E] [F] [G] [H] [I] [A] [B] [C] [D] [E] [F] [G] [H] [I] [A] [B] [C] [D] [E] [F] [G] [H] [I] [A] [B] [C] [D] [E] [F] [G] [H] [I]
2	[A] [B] [C] [D] [E] [F] [A] [B] [C] [D] [E] [F] [A] [B] [C] [D] [E] [F] [A] [B] [C] [D] [E] [F]	11	[A] [B] [C] [D] [E] [F] [G] [H] [I] [A] [B] [C] [D] [E] [F] [G] [H] [I] [A] [B] [C] [D] [E] [F] [G] [H] [I] [A] [B] [C] [D] [E] [F] [G] [H] [I] [A] [B] [C] [D] [E] [F] [G] [H] [I] [A] [B] [C] [D] [E] [F] [G] [H] [I]
3	[A] [B] [C] [D] [E] [F] [A] [B] [C] [D] [E] [F] [A] [B] [C] [D] [E] [F] [A] [B] [C] [D] [E] [F]	12	[A] [B] [C] [D] [E] [F] [G] [H] [I] [A] [B] [C] [D] [E] [F] [G] [H] [I] [A] [B] [C] [D] [E] [F] [G] [H] [I] [A] [B] [C] [D] [E] [F] [G] [H] [I] [A] [B] [C] [D] [E] [F] [G] [H] [I] [A] [B] [C] [D] [E] [F] [G] [H] [I]
4	[A] [B] [C] [D] [E] [F] [A] [B] [C] [D] [E] [F] [A] [B] [C] [D] [E] [F] [A] [B] [C] [D] [E] [F]	13	[A] [B] [C] [D] [E] [F] [G] [H] [I] [A] [B] [C] [D] [E] [F] [G] [H] [I] [A] [B] [C] [D] [E] [F] [G] [H] [I] [A] [B] [C] [D] [E] [F] [G] [H] [I] [A] [B] [C] [D] [E] [F] [G] [H] [I] [A] [B] [C] [D] [E] [F] [G] [H] [I]
5	[A] [B] [C] [D] [E] [F] [A] [B] [C] [D] [E] [F] [A] [B] [C] [D] [E] [F] [A] [B] [C] [D] [E] [F]	14	[A] [B] [C] [D] [E] [F] [G] [H] [I] [A] [B] [C] [D] [E] [F] [G] [H] [I] [A] [B] [C] [D] [E] [F] [G] [H] [I] [A] [B] [C] [D] [E] [F] [G] [H] [I] [A] [B] [C] [D] [E] [F] [G] [H] [I] [A] [B] [C] [D] [E] [F] [G] [H] [I]
6	[A] [B] [C] [D] [E] [F] [A] [B] [C] [D] [E] [F] [A] [B] [C] [D] [E] [F] [A] [B] [C] [D] [E] [F]	15	[A] [B] [C] [D] [E] [F] [G] [H] [I] [A] [B] [C] [D] [E] [F] [G] [H] [I] [A] [B] [C] [D] [E] [F] [G] [H] [I] [A] [B] [C] [D] [E] [F] [G] [H] [I] [A] [B] [C] [D] [E] [F] [G] [H] [I] [A] [B] [C] [D] [E] [F] [G] [H] [I]
7	[A] [B] [C] [D] [E] [F] [G] [H] [I] [A] [B] [C] [D] [E] [F] [G] [H] [I] [A] [B] [C] [D] [E] [F] [G] [H] [I] [A] [B] [C] [D] [E] [F] [G] [H] [I] [A] [B] [C] [D] [E] [F] [G] [H] [I] [A] [B] [C] [D] [E] [F] [G] [H] [I]	16	[A] [B] [C] [D] [E] [F] [G] [H] [I] [A] [B] [C] [D] [E] [F] [G] [H] [I] [A] [B] [C] [D] [E] [F] [G] [H] [I] [A] [B] [C] [D] [E] [F] [G] [H] [I] [A] [B] [C] [D] [E] [F] [G] [H] [I] [A] [B] [C] [D] [E] [F] [G] [H] [I]
8	[A] [B] [C] [D] [E] [F] [G] [H] [I] [A] [B] [C] [D] [E] [F] [G] [H] [I] [A] [B] [C] [D] [E] [F] [G] [H] [I] [A] [B] [C] [D] [E] [F] [G] [H] [I] [A] [B] [C] [D] [E] [F] [G] [H] [I] [A] [B] [C] [D] [E] [F] [G] [H] [I]	17	[A] [B] [C] [D] [E] [F] [G] [H] [I] [A] [B] [C] [D] [E] [F] [G] [H] [I] [A] [B] [C] [D] [E] [F] [G] [H] [I] [A] [B] [C] [D] [E] [F] [G] [H] [I] [A] [B] [C] [D] [E] [F] [G] [H] [I] [A] [B] [C] [D] [E] [F] [G] [H] [I]
9	[A] [B] [C] [D] [E] [F] [G] [H] [I] [A] [B] [C] [D] [E] [F] [G] [H] [I] [A] [B] [C] [D] [E] [F] [G] [H] [I] [A] [B] [C] [D] [E] [F] [G] [H] [I] [A] [B] [C] [D] [E] [F] [G] [H] [I] [A] [B] [C] [D] [E] [F] [G] [H] [I]	18	[A] [B] [C] [D] [E] [F] [G] [H] [I] [A] [B] [C] [D] [E] [F] [G] [H] [I] [A] [B] [C] [D] [E] [F] [G] [H] [I] [A] [B] [C] [D] [E] [F] [G] [H] [I] [A] [B] [C] [D] [E] [F] [G] [H] [I] [A] [B] [C] [D] [E] [F] [G] [H] [I]

19	[A] [B] [C] [D] [E] [F] [G] [H] [I] [J] [K] [L] [M] [A] [B] [C] [D] [E] [F] [G] [H] [I] [J] [K] [L] [M]	**28**	[A] [B] [C] [D] [E] [F] [G] [H] [I] [J] [K] [L] [M] [A] [B] [C] [D] [E] [F] [G] [H] [I] [J] [K] [L] [M]
20	[A] [B] [C] [D] [E] [F] [G] [H] [I] [J] [K] [L] [M] [A] [B] [C] [D] [E] [F] [G] [H] [I] [J] [K] [L] [M]	**29**	[A] [B] [C] [D] [E] [F] [G] [H] [I] [J] [K] [L] [M] [A] [B] [C] [D] [E] [F] [G] [H] [I] [J] [K] [L] [M]
21	[A] [B] [C] [D] [E] [F] [G] [H] [I] [J] [K] [L] [M] [A] [B] [C] [D] [E] [F] [G] [H] [I] [J] [K] [L] [M]	**30**	[A] [B] [C] [D] [E] [F] [G] [H] [I] [J] [K] [L] [M] [A] [B] [C] [D] [E] [F] [G] [H] [I] [J] [K] [L] [M]
22	[A] [B] [C] [D] [E] [F] [G] [H] [I] [J] [K] [L] [M] [A] [B] [C] [D] [E] [F] [G] [H] [I] [J] [K] [L] [M]	**31**	[A] [B] [C] [D] [E] [F] [G] [H] [I] [J] [K] [L] [M] [A] [B] [C] [D] [E] [F] [G] [H] [I] [J] [K] [L] [M]
23	[A] [B] [C] [D] [E] [F] [G] [H] [I] [J] [K] [L] [M] [A] [B] [C] [D] [E] [F] [G] [H] [I] [J] [K] [L] [M]	**32**	[A] [B] [C] [D] [E] [F] [G] [H] [I] [J] [K] [L] [M] [A] [B] [C] [D] [E] [F] [G] [H] [I] [J] [K] [L] [M]
24	[A] [B] [C] [D] [E] [F] [G] [H] [I] [J] [K] [L] [M] [A] [B] [C] [D] [E] [F] [G] [H] [I] [J] [K] [L] [M]	**33**	[A] [B] [C] [D] [E] [F] [G] [H] [I] [J] [K] [L] [M] [A] [B] [C] [D] [E] [F] [G] [H] [I] [J] [K] [L] [M]
25	[A] [B] [C] [D] [E] [F] [G] [H] [I] [J] [K] [L] [M] [A] [B] [C] [D] [E] [F] [G] [H] [I] [J] [K] [L] [M]	**34**	[A] [B] [C] [D] [E] [F] [G] [H] [I] [J] [K] [L] [M] [A] [B] [C] [D] [E] [F] [G] [H] [I] [J] [K] [L] [M]
26	[A] [B] [C] [D] [E] [F] [G] [H] [I] [J] [K] [L] [M] [A] [B] [C] [D] [E] [F] [G] [H] [I] [J] [K] [L] [M]	**35**	[A] [B] [C] [D] [E] [F] [G] [H] [I] [J] [K] [L] [M] [A] [B] [C] [D] [E] [F] [G] [H] [I] [J] [K] [L] [M]
27	[A] [B] [C] [D] [E] [F] [G] [H] [I] [J] [K] [L] [M] [A] [B] [C] [D] [E] [F] [G] [H] [I] [J] [K] [L] [M]	**36**	[A] [B] [C] [D] [E] [F] [G] [H] [I] [J] [K] [L] [M] [A] [B] [C] [D] [E] [F] [G] [H] [I] [J] [K] [L] [M]

37	[A] [B] [C] [D] [E] [F] [G] [H] [I] [J] [K] [L] [A] [B] [C] [D] [E] [F] [G] [H] [I] [J] [K] [L] [A] [B] [C] [D] [E] [F] [G] [H] [I] [J] [K] [L] [A] [B] [C] [D] [E] [F] [G] [H] [I] [J] [K] [L] [A] [B] [C] [D] [E] [F] [G] [H] [I] [J] [K] [L] [A] [B] [C] [D] [E] [F] [G] [H] [I] [J] [K] [L] [A] [B] [C] [D] [E] [F] [G] [H] [I] [J] [K] [L] [A] [B] [C] [D] [E] [F] [G] [H] [I] [J] [K] [L]	**42**	[A] [B] [C] [D] [E] [F] [G] [H] [I] [J] [K] [L] [A] [B] [C] [D] [E] [F] [G] [H] [I] [J] [K] [L] [A] [B] [C] [D] [E] [F] [G] [H] [I] [J] [K] [L] [A] [B] [C] [D] [E] [F] [G] [H] [I] [J] [K] [L] [A] [B] [C] [D] [E] [F] [G] [H] [I] [J] [K] [L] [A] [B] [C] [D] [E] [F] [G] [H] [I] [J] [K] [L] [A] [B] [C] [D] [E] [F] [G] [H] [I] [J] [K] [L] [A] [B] [C] [D] [E] [F] [G] [H] [I] [J] [K] [L]
38	[A] [B] [C] [D] [E] [F] [G] [H] [I] [J] [K] [L] [A] [B] [C] [D] [E] [F] [G] [H] [I] [J] [K] [L] [A] [B] [C] [D] [E] [F] [G] [H] [I] [J] [K] [L] [A] [B] [C] [D] [E] [F] [G] [H] [I] [J] [K] [L] [A] [B] [C] [D] [E] [F] [G] [H] [I] [J] [K] [L] [A] [B] [C] [D] [E] [F] [G] [H] [I] [J] [K] [L] [A] [B] [C] [D] [E] [F] [G] [H] [I] [J] [K] [L] [A] [B] [C] [D] [E] [F] [G] [H] [I] [J] [K] [L]	**43**	[A] [B] [C] [D] [E] [F] [G] [H] [I] [J] [K] [L] [M] [N] [A] [B] [C] [D] [E] [F] [G] [H] [I] [J] [K] [L] [M] [N] [A] [B] [C] [D] [E] [F] [G] [H] [I] [J] [K] [L] [M] [N] [A] [B] [C] [D] [E] [F] [G] [H] [I] [J] [K] [L] [M] [N] [A] [B] [C] [D] [E] [F] [G] [H] [I] [J] [K] [L] [M] [N] [A] [B] [C] [D] [E] [F] [G] [H] [I] [J] [K] [L] [M] [N] [A] [B] [C] [D] [E] [F] [G] [H] [I] [J] [K] [L] [M] [N] [A] [B] [C] [D] [E] [F] [G] [H] [I] [J] [K] [L] [M] [N] [A] [B] [C] [D] [E] [F] [G] [H] [I] [J] [K] [L] [M] [N] [A] [B] [C] [D] [E] [F] [G] [H] [I] [J] [K] [L] [M] [N]
39	[A] [B] [C] [D] [E] [F] [G] [H] [I] [J] [K] [L] [A] [B] [C] [D] [E] [F] [G] [H] [I] [J] [K] [L] [A] [B] [C] [D] [E] [F] [G] [H] [I] [J] [K] [L] [A] [B] [C] [D] [E] [F] [G] [H] [I] [J] [K] [L] [A] [B] [C] [D] [E] [F] [G] [H] [I] [J] [K] [L] [A] [B] [C] [D] [E] [F] [G] [H] [I] [J] [K] [L] [A] [B] [C] [D] [E] [F] [G] [H] [I] [J] [K] [L] [A] [B] [C] [D] [E] [F] [G] [H] [I] [J] [K] [L]	**44**	[A] [B] [C] [D] [E] [F] [G] [H] [I] [J] [K] [L] [M] [N] [A] [B] [C] [D] [E] [F] [G] [H] [I] [J] [K] [L] [M] [N] [A] [B] [C] [D] [E] [F] [G] [H] [I] [J] [K] [L] [M] [N] [A] [B] [C] [D] [E] [F] [G] [H] [I] [J] [K] [L] [M] [N] [A] [B] [C] [D] [E] [F] [G] [H] [I] [J] [K] [L] [M] [N] [A] [B] [C] [D] [E] [F] [G] [H] [I] [J] [K] [L] [M] [N] [A] [B] [C] [D] [E] [F] [G] [H] [I] [J] [K] [L] [M] [N] [A] [B] [C] [D] [E] [F] [G] [H] [I] [J] [K] [L] [M] [N] [A] [B] [C] [D] [E] [F] [G] [H] [I] [J] [K] [L] [M] [N] [A] [B] [C] [D] [E] [F] [G] [H] [I] [J] [K] [L] [M] [N]
40	[A] [B] [C] [D] [E] [F] [G] [H] [I] [J] [K] [L] [A] [B] [C] [D] [E] [F] [G] [H] [I] [J] [K] [L] [A] [B] [C] [D] [E] [F] [G] [H] [I] [J] [K] [L] [A] [B] [C] [D] [E] [F] [G] [H] [I] [J] [K] [L] [A] [B] [C] [D] [E] [F] [G] [H] [I] [J] [K] [L] [A] [B] [C] [D] [E] [F] [G] [H] [I] [J] [K] [L] [A] [B] [C] [D] [E] [F] [G] [H] [I] [J] [K] [L] [A] [B] [C] [D] [E] [F] [G] [H] [I] [J] [K] [L]	**45**	[A] [B] [C] [D] [E] [F] [G] [H] [I] [J] [K] [L] [M] [N] [A] [B] [C] [D] [E] [F] [G] [H] [I] [J] [K] [L] [M] [N] [A] [B] [C] [D] [E] [F] [G] [H] [I] [J] [K] [L] [M] [N] [A] [B] [C] [D] [E] [F] [G] [H] [I] [J] [K] [L] [M] [N] [A] [B] [C] [D] [E] [F] [G] [H] [I] [J] [K] [L] [M] [N] [A] [B] [C] [D] [E] [F] [G] [H] [I] [J] [K] [L] [M] [N] [A] [B] [C] [D] [E] [F] [G] [H] [I] [J] [K] [L] [M] [N] [A] [B] [C] [D] [E] [F] [G] [H] [I] [J] [K] [L] [M] [N] [A] [B] [C] [D] [E] [F] [G] [H] [I] [J] [K] [L] [M] [N] [A] [B] [C] [D] [E] [F] [G] [H] [I] [J] [K] [L] [M] [N]
41	[A] [B] [C] [D] [E] [F] [G] [H] [I] [J] [K] [L] [A] [B] [C] [D] [E] [F] [G] [H] [I] [J] [K] [L] [A] [B] [C] [D] [E] [F] [G] [H] [I] [J] [K] [L] [A] [B] [C] [D] [E] [F] [G] [H] [I] [J] [K] [L] [A] [B] [C] [D] [E] [F] [G] [H] [I] [J] [K] [L] [A] [B] [C] [D] [E] [F] [G] [H] [I] [J] [K] [L] [A] [B] [C] [D] [E] [F] [G] [H] [I] [J] [K] [L] [A] [B] [C] [D] [E] [F] [G] [H] [I] [J] [K] [L]	**46**	[A] [B] [C] [D] [E] [F] [G] [H] [I] [J] [K] [L] [M] [N] [A] [B] [C] [D] [E] [F] [G] [H] [I] [J] [K] [L] [M] [N] [A] [B] [C] [D] [E] [F] [G] [H] [I] [J] [K] [L] [M] [N] [A] [B] [C] [D] [E] [F] [G] [H] [I] [J] [K] [L] [M] [N] [A] [B] [C] [D] [E] [F] [G] [H] [I] [J] [K] [L] [M] [N] [A] [B] [C] [D] [E] [F] [G] [H] [I] [J] [K] [L] [M] [N] [A] [B] [C] [D] [E] [F] [G] [H] [I] [J] [K] [L] [M] [N] [A] [B] [C] [D] [E] [F] [G] [H] [I] [J] [K] [L] [M] [N] [A] [B] [C] [D] [E] [F] [G] [H] [I] [J] [K] [L] [M] [N] [A] [B] [C] [D] [E] [F] [G] [H] [I] [J] [K] [L] [M] [N]

47	[A] [B] [C] [D] [E] [F] [G] [H] [I] [J] [K] [L] [M] [N] [A] [B] [C] [D] [E] [F] [G] [H] [I] [J] [K] [L] [M] [N] [A] [B] [C] [D] [E] [F] [G] [H] [I] [J] [K] [L] [M] [N] [A] [B] [C] [D] [E] [F] [G] [H] [I] [J] [K] [L] [M] [N] [A] [B] [C] [D] [E] [F] [G] [H] [I] [J] [K] [L] [M] [N] [A] [B] [C] [D] [E] [F] [G] [H] [I] [J] [K] [L] [M] [N] [A] [B] [C] [D] [E] [F] [G] [H] [I] [J] [K] [L] [M] [N] [A] [B] [C] [D] [E] [F] [G] [H] [I] [J] [K] [L] [M] [N] [A] [B] [C] [D] [E] [F] [G] [H] [I] [J] [K] [L] [M] [N] [A] [B] [C] [D] [E] [F] [G] [H] [I] [J] [K] [L] [M] [N]	51	[A] [B] [C] [D] [E] [F] [G] [H] [I] [J] [K] [L] [M] [N] [O] [A] [B] [C] [D] [E] [F] [G] [H] [I] [J] [K] [L] [M] [N] [O] [A] [B] [C] [D] [E] [F] [G] [H] [I] [J] [K] [L] [M] [N] [O] [A] [B] [C] [D] [E] [F] [G] [H] [I] [J] [K] [L] [M] [N] [O] [A] [B] [C] [D] [E] [F] [G] [H] [I] [J] [K] [L] [M] [N] [O] [A] [B] [C] [D] [E] [F] [G] [H] [I] [J] [K] [L] [M] [N] [O] [A] [B] [C] [D] [E] [F] [G] [H] [I] [J] [K] [L] [M] [N] [O] [A] [B] [C] [D] [E] [F] [G] [H] [I] [J] [K] [L] [M] [N] [O] [A] [B] [C] [D] [E] [F] [G] [H] [I] [J] [K] [L] [M] [N] [O] [A] [B] [C] [D] [E] [F] [G] [H] [I] [J] [K] [L] [M] [N] [O] [A] [B] [C] [D] [E] [F] [G] [H] [I] [J] [K] [L] [M] [N] [O] [A] [B] [C] [D] [E] [F] [G] [H] [I] [J] [K] [L] [M] [N] [O]
48	[A] [B] [C] [D] [E] [F] [G] [H] [I] [J] [K] [L] [M] [N] [A] [B] [C] [D] [E] [F] [G] [H] [I] [J] [K] [L] [M] [N] [A] [B] [C] [D] [E] [F] [G] [H] [I] [J] [K] [L] [M] [N] [A] [B] [C] [D] [E] [F] [G] [H] [I] [J] [K] [L] [M] [N] [A] [B] [C] [D] [E] [F] [G] [H] [I] [J] [K] [L] [M] [N] [A] [B] [C] [D] [E] [F] [G] [H] [I] [J] [K] [L] [M] [N] [A] [B] [C] [D] [E] [F] [G] [H] [I] [J] [K] [L] [M] [N] [A] [B] [C] [D] [E] [F] [G] [H] [I] [J] [K] [L] [M] [N] [A] [B] [C] [D] [E] [F] [G] [H] [I] [J] [K] [L] [M] [N] [A] [B] [C] [D] [E] [F] [G] [H] [I] [J] [K] [L] [M] [N]	52	[A] [B] [C] [D] [E] [F] [G] [H] [I] [J] [K] [L] [M] [N] [O] [A] [B] [C] [D] [E] [F] [G] [H] [I] [J] [K] [L] [M] [N] [O] [A] [B] [C] [D] [E] [F] [G] [H] [I] [J] [K] [L] [M] [N] [O] [A] [B] [C] [D] [E] [F] [G] [H] [I] [J] [K] [L] [M] [N] [O] [A] [B] [C] [D] [E] [F] [G] [H] [I] [J] [K] [L] [M] [N] [O] [A] [B] [C] [D] [E] [F] [G] [H] [I] [J] [K] [L] [M] [N] [O] [A] [B] [C] [D] [E] [F] [G] [H] [I] [J] [K] [L] [M] [N] [O] [A] [B] [C] [D] [E] [F] [G] [H] [I] [J] [K] [L] [M] [N] [O] [A] [B] [C] [D] [E] [F] [G] [H] [I] [J] [K] [L] [M] [N] [O] [A] [B] [C] [D] [E] [F] [G] [H] [I] [J] [K] [L] [M] [N] [O] [A] [B] [C] [D] [E] [F] [G] [H] [I] [J] [K] [L] [M] [N] [O] [A] [B] [C] [D] [E] [F] [G] [H] [I] [J] [K] [L] [M] [N] [O]
49	[A] [B] [C] [D] [E] [F] [G] [H] [I] [J] [K] [L] [M] [N] [O] [A] [B] [C] [D] [E] [F] [G] [H] [I] [J] [K] [L] [M] [N] [O] [A] [B] [C] [D] [E] [F] [G] [H] [I] [J] [K] [L] [M] [N] [O] [A] [B] [C] [D] [E] [F] [G] [H] [I] [J] [K] [L] [M] [N] [O] [A] [B] [C] [D] [E] [F] [G] [H] [I] [J] [K] [L] [M] [N] [O] [A] [B] [C] [D] [E] [F] [G] [H] [I] [J] [K] [L] [M] [N] [O] [A] [B] [C] [D] [E] [F] [G] [H] [I] [J] [K] [L] [M] [N] [O] [A] [B] [C] [D] [E] [F] [G] [H] [I] [J] [K] [L] [M] [N] [O] [A] [B] [C] [D] [E] [F] [G] [H] [I] [J] [K] [L] [M] [N] [O] [A] [B] [C] [D] [E] [F] [G] [H] [I] [J] [K] [L] [M] [N] [O] [A] [B] [C] [D] [E] [F] [G] [H] [I] [J] [K] [L] [M] [N] [O] [A] [B] [C] [D] [E] [F] [G] [H] [I] [J] [K] [L] [M] [N] [O]	53	[A] [B] [C] [D] [E] [F] [G] [H] [I] [J] [K] [L] [M] [N] [O] [A] [B] [C] [D] [E] [F] [G] [H] [I] [J] [K] [L] [M] [N] [O] [A] [B] [C] [D] [E] [F] [G] [H] [I] [J] [K] [L] [M] [N] [O] [A] [B] [C] [D] [E] [F] [G] [H] [I] [J] [K] [L] [M] [N] [O] [A] [B] [C] [D] [E] [F] [G] [H] [I] [J] [K] [L] [M] [N] [O] [A] [B] [C] [D] [E] [F] [G] [H] [I] [J] [K] [L] [M] [N] [O] [A] [B] [C] [D] [E] [F] [G] [H] [I] [J] [K] [L] [M] [N] [O] [A] [B] [C] [D] [E] [F] [G] [H] [I] [J] [K] [L] [M] [N] [O] [A] [B] [C] [D] [E] [F] [G] [H] [I] [J] [K] [L] [M] [N] [O] [A] [B] [C] [D] [E] [F] [G] [H] [I] [J] [K] [L] [M] [N] [O] [A] [B] [C] [D] [E] [F] [G] [H] [I] [J] [K] [L] [M] [N] [O] [A] [B] [C] [D] [E] [F] [G] [H] [I] [J] [K] [L] [M] [N] [O]
50	[A] [B] [C] [D] [E] [F] [G] [H] [I] [J] [K] [L] [M] [N] [O] [A] [B] [C] [D] [E] [F] [G] [H] [I] [J] [K] [L] [M] [N] [O] [A] [B] [C] [D] [E] [F] [G] [H] [I] [J] [K] [L] [M] [N] [O] [A] [B] [C] [D] [E] [F] [G] [H] [I] [J] [K] [L] [M] [N] [O] [A] [B] [C] [D] [E] [F] [G] [H] [I] [J] [K] [L] [M] [N] [O] [A] [B] [C] [D] [E] [F] [G] [H] [I] [J] [K] [L] [M] [N] [O] [A] [B] [C] [D] [E] [F] [G] [H] [I] [J] [K] [L] [M] [N] [O] [A] [B] [C] [D] [E] [F] [G] [H] [I] [J] [K] [L] [M] [N] [O] [A] [B] [C] [D] [E] [F] [G] [H] [I] [J] [K] [L] [M] [N] [O] [A] [B] [C] [D] [E] [F] [G] [H] [I] [J] [K] [L] [M] [N] [O] [A] [B] [C] [D] [E] [F] [G] [H] [I] [J] [K] [L] [M] [N] [O] [A] [B] [C] [D] [E] [F] [G] [H] [I] [J] [K] [L] [M] [N] [O]	54	[A] [B] [C] [D] [E] [F] [G] [H] [I] [J] [K] [L] [M] [N] [O] [A] [B] [C] [D] [E] [F] [G] [H] [I] [J] [K] [L] [M] [N] [O] [A] [B] [C] [D] [E] [F] [G] [H] [I] [J] [K] [L] [M] [N] [O] [A] [B] [C] [D] [E] [F] [G] [H] [I] [J] [K] [L] [M] [N] [O] [A] [B] [C] [D] [E] [F] [G] [H] [I] [J] [K] [L] [M] [N] [O] [A] [B] [C] [D] [E] [F] [G] [H] [I] [J] [K] [L] [M] [N] [O] [A] [B] [C] [D] [E] [F] [G] [H] [I] [J] [K] [L] [M] [N] [O] [A] [B] [C] [D] [E] [F] [G] [H] [I] [J] [K] [L] [M] [N] [O] [A] [B] [C] [D] [E] [F] [G] [H] [I] [J] [K] [L] [M] [N] [O] [A] [B] [C] [D] [E] [F] [G] [H] [I] [J] [K] [L] [M] [N] [O] [A] [B] [C] [D] [E] [F] [G] [H] [I] [J] [K] [L] [M] [N] [O] [A] [B] [C] [D] [E] [F] [G] [H] [I] [J] [K] [L] [M] [N] [O]

55	[A] [B] [C] [D] [A] [B] [C] [D] [A] [B] [C] [D] [A] [B] [C] [D]	59	[A] [B] [C] [D] [A] [B] [C] [D] [A] [B] [C] [D] [A] [B] [C] [D]
56	[A] [B] [C] [D] [A] [B] [C] [D] [A] [B] [C] [D] [A] [B] [C] [D]	60	[A] [B] [C] [D] [A] [B] [C] [D] [A] [B] [C] [D] [A] [B] [C] [D]
57	[A] [B] [C] [D] [A] [B] [C] [D] [A] [B] [C] [D] [A] [B] [C] [D]	61	[A] [B] [C] [D] [E] [A] [B] [C] [D] [E] [A] [B] [C] [D] [E] [A] [B] [C] [D] [E] [A] [B] [C] [D] [E]
58	[A] [B] [C] [D] [A] [B] [C] [D] [A] [B] [C] [D] [A] [B] [C] [D]	62	[A] [B] [C] [D] [E] [A] [B] [C] [D] [E] [A] [B] [C] [D] [E] [A] [B] [C] [D] [E] [A] [B] [C] [D] [E]

63	[A] [B] [C] [D] [E] [A] [B] [C] [D] [E] [A] [B] [C] [D] [E] [A] [B] [C] [D] [E] [A] [B] [C] [D] [E]	68	[A] [B] [C] [D] [E] [A] [B] [C] [D] [E] [A] [B] [C] [D] [E] [A] [B] [C] [D] [E] [A] [B] [C] [D] [E]
64	[A] [B] [C] [D] [E] [A] [B] [C] [D] [E] [A] [B] [C] [D] [E] [A] [B] [C] [D] [E] [A] [B] [C] [D] [E]	69	[A] [B] [C] [D] [E] [A] [B] [C] [D] [E] [A] [B] [C] [D] [E] [A] [B] [C] [D] [E] [A] [B] [C] [D] [E]
65	[A] [B] [C] [D] [E] [A] [B] [C] [D] [E] [A] [B] [C] [D] [E] [A] [B] [C] [D] [E] [A] [B] [C] [D] [E]	70	[A] [B] [C] [D] [E] [A] [B] [C] [D] [E] [A] [B] [C] [D] [E] [A] [B] [C] [D] [E] [A] [B] [C] [D] [E]
66	[A] [B] [C] [D] [E] [A] [B] [C] [D] [E] [A] [B] [C] [D] [E] [A] [B] [C] [D] [E] [A] [B] [C] [D] [E]	71	[A] [B] [C] [D] [E] [A] [B] [C] [D] [E] [A] [B] [C] [D] [E] [A] [B] [C] [D] [E] [A] [B] [C] [D] [E]
67	[A] [B] [C] [D] [E] [A] [B] [C] [D] [E] [A] [B] [C] [D] [E] [A] [B] [C] [D] [E] [A] [B] [C] [D] [E]	72	[A] [B] [C] [D] [E] [A] [B] [C] [D] [E] [A] [B] [C] [D] [E] [A] [B] [C] [D] [E] [A] [B] [C] [D] [E]

73	[A] [B] [C] [D] [E] [F] [G] [H] [I] [J] [K] [L] [M] [N] [O] [P] [Q] [R] [S] [T] [U] [V] [W] [X] [Y] [Z] [a] [b] [c] [d] [e]
74	[A] [B] [C] [D] [E] [F] [G] [H] [I] [J] [K] [L] [M] [N] [O] [P] [Q] [R] [S] [T] [U] [V] [W] [X] [Y] [Z] [a] [b] [c] [d] [e]
75	[A] [B] [C] [D] [E] [F] [G] [H] [I] [J] [K] [L] [M] [N] [O] [P] [Q] [R] [S] [T] [U] [V] [W] [X] [Y] [Z] [a] [b] [c] [d] [e]
76	[A] [B] [C] [D] [E] [F] [G] [H] [I] [J] [K] [L] [M] [N] [O] [P] [Q] [R] [S] [T] [U] [V] [W] [X] [Y] [Z] [a] [b] [c] [d] [e]
77	[A] [B] [C] [D] [E] [F] [G] [H] [I] [J] [K] [L] [M] [N] [O] [P] [Q] [R] [S] [T] [U] [V] [W] [X] [Y] [Z] [a] [b] [c] [d] [e]
78	[1] [2] [3] [4] [5] [6] [7] [8] [9] [10]
79	[A] [B] [C] [D] [E] [F] [G] [H] [I] [J] [K] [L] [M] [N] [O] [P] [Q] [R] [S] [T] [U] [V] [W] [X] [Y] [Z] [a] [b] [c] [d] [e]
80	[A] [B] [C] [D] [E] [F] [G] [H] [I] [J] [K] [L] [M] [N] [O] [P] [Q] [R] [S] [T] [U] [V] [W] [X] [Y] [Z] [a] [b] [c] [d] [e]
81	[A] [B] [C] [D] [E] [F] [G] [H] [I] [J] [K] [L] [M] [N] [O] [P] [Q] [R] [S] [T] [U] [V] [W] [X] [Y] [Z] [a] [b] [c] [d] [e]
82	[A] [B] [C] [D] [E] [F] [G] [H] [I] [J] [K] [L] [M] [N] [O] [P] [Q] [R] [S] [T] [U] [V] [W] [X] [Y] [Z] [a] [b] [c] [d] [e]
83	[A] [B] [C] [D] [E] [F] [G] [H] [I] [J] [K] [L] [M] [N] [O] [P] [Q] [R] [S] [T] [U] [V] [W] [X] [Y] [Z] [a] [b] [c] [d] [e]
84	[1] [2] [3] [4] [5] [6] [7] [8] [9] [10]
85	[A] [B] [C] [D] [E] [F] [G] [H] [I] [J] [K] [L] [M] [N] [O] [P] [Q] [R] [S] [T] [U] [V] [W] [X] [Y] [Z] [a] [b] [c] [d] [e]
86	[A] [B] [C] [D] [E] [F] [G] [H] [I] [J] [K] [L] [M] [N] [O] [P] [Q] [R] [S] [T] [U] [V] [W] [X] [Y] [Z] [a] [b] [c] [d] [e]
87	[A] [B] [C] [D] [E] [F] [G] [H] [I] [J] [K] [L] [M] [N] [O] [P] [Q] [R] [S] [T] [U] [V] [W] [X] [Y] [Z] [a] [b] [c] [d] [e]
88	[A] [B] [C] [D] [E] [F] [G] [H] [I] [J] [K] [L] [M] [N] [O] [P] [Q] [R] [S] [T] [U] [V] [W] [X] [Y] [Z] [a] [b] [c] [d] [e]
89	[A] [B] [C] [D] [E] [F] [G] [H] [I] [J] [K] [L] [M] [N] [O] [P] [Q] [R] [S] [T] [U] [V] [W] [X] [Y] [Z] [a] [b] [c] [d] [e]
90	[1] [2] [3] [4] [5] [6] [7] [8] [9] [10]

写作 · 六级样卷录音材料及答案

写字部分

一、

（一）录音材料

1. 济，经济的济；迈，迈开腿的迈
2. 寂，寂寞的寂；盲，盲人的盲
3. 胳，胳膊的胳；惧，恐惧的惧
4. 距，距离的距；觅，寻觅的觅
5. 剥，剥夺的剥；盗，盗窃的盗
6. 躲，躲避的躲；键，键盘的键
7. 惩，惩罚的惩；党，党员的党
8. 序，序幕的序；赌，赌博的赌
9. 葱，洋葱的葱；揭，揭发的揭
10. 盟，联盟的盟；缠，缠绕的缠
11. 谱，谱写的谱；蹈，舞蹈的蹈
12. 缕，千丝万缕的缕；鹊，喜鹊的鹊
13. 赁，租赁的赁；弥，弥漫的弥
14. 赂，贿赂的赂；曼，曼妙的曼
15. 诡，诡异的诡；袍，旗袍的袍
16. 捍，捍卫的捍；迢，千里迢迢的迢
17. 瓷，瓷器的瓷；舵，舵手的舵
18. 谍，间谍的谍；襟，衣襟的襟

（二）答案

1.（1）AE （2）CB
2.（1）CB （2）EA
3.（1）CA （2）FB
4.（1）AE （2）DF
5.（1）EB （2）CF
6.（1）DA （2）CE
7.（1）BFI （2）DGA
8.（1）IEH （2）DFB
9.（1）BGD （2）CHE
10.（1）HEG （2）DIB
11.（1）EBI （2）CGA
12.（1）CIH （2）GDB
13.（1）EHA （2）DGB
14.（1）BDF （2）CAH
15.（1）DHA （2）BGE
16.（1）DAF （2）CHE
17.（1）EAI （2）CGB
18.（1）BIE （2）DAG

作文部分

二、 19.CG　20.AE　21.BH　22.MF　23.DL　24.JK

25.CB　26.EA　27.HJ　28.LD　29.GF　30.IM

31.AE　32.CH　33.BD　34.MG　35.FK　36.IL

三、 37.EFABCDGH　38.EFGHABC　39.ACEFGHIJ

40.ABCDEIGH　41.CDEAFGHI　42.ACEGFHJ

43.EFGHIABCJK　44.FABCDGI　45.BCKLEFH

46.IJFGABCDE　47.BCDFGKL　48.AEFGHCD

49.ABCDIEFJKL　50.ADBFGHKL

51.ABDEFJGH/CDAEFJGH　52.JKECABFGH

53.BCDEFHJKL　54.CDBEFHLM

四、 55.ADCB　56.CABD　57.CBDA　58.BDCA　59.ACDB

60.BCAD　61.BCAED　62.CEABD　63.DABCE　64.EACDB

65.BDECA　66.ACEBD　67.CBDAE　68.BEACD　69.BDAEC

70.CAEBD　71.DAEBC　72.EBACD

五、 73.D　74.JKL　75.JK　76.NOP　77.ABCD　78. ①④

79.BC/FG　80.ABC　81.QR/EF　82.CDEF　83.EF　84. ⑦

85.CDE　86.EHM　87.GK　88.CDE　89.KLM　90. ⑤⑧

华文水平测试口语考试样卷

华文水平测试

口语·初级

（适用年龄：8岁左右）

样　卷

暨南大学·华文考试院

中国·广州

注意事项

一、本试卷共 45 题，分四部分：

1. 跟读单音节字词（20 题）

2. 跟读双音节词语（10 题）

3. 跟读多音节词语（10 题）

4. 跟读句子（5 题）

二、考试时间 11 分钟

一、听录音，跟读单音节字词，听完后请马上重复。每题听一遍。（第1—20题，共20题）

• **发音要准确、清晰、饱满。**

例如：你看到“大”，并听到“dà”，听完后跟读“dà”。

1. 八	6. 掐	11. 啥	16. 变
2. 忙	7. 选	12. 庆	17. 哭
3. 鸟	8. 内	13. 猫	18. 买
4. 队	9. 扶	14. 捧	19. 乖
5. 低	10. 滚	15. 餐	20. 北

二、听录音，跟读双音节词语，听完后请马上重复。每题听一遍。（第21—30题，共10题）

• **发音要准确、清晰、饱满。**

例如：你看到“阿姨”，并听到“āyí”，听完后跟读“āyí”。

21. 皮肤	26. 板凳
22. 打架	27. 赶紧
23. 粉笔	28. 名次
24. 日光	29. 咖啡
25. 脖子	30. 麻袋

三、听录音，跟读多音节词语，听完后请马上重复。每题听一遍。（第31—40题，共10题）

• **发音要准确、清晰、饱满。**

例如：你看到“动物园”，并听到“dòngwùyuán”，听完后跟读“dòngwùyuán”。你看到“各种各样”，并听到“gèzhǒng-gèyàng”，听完后跟读“gèzhǒng-gèyàng”。

31. 教学楼
32. 拉肚子
33. 全家福
34. 看不起
35. 三明治
36. 东张西望
37. 十字路口
38. 从此以后
39. 喝冬瓜汤
40. 加拿大人

四、听录音，跟读句子，听完后请马上重复。每题听一遍。（第36—40题，共5题）

• **发音要准确、自然、流畅。**

> **例如：** 你看到："小红今年七岁，她十分喜欢小动物。"并听到："Xiǎohóng jīnnián qī suì,tā shífēn xǐhuan xiǎo dòngwù." 听完后跟读："Xiǎohóng jīnnián qī suì,tā shífēn xǐhuan xiǎo dòngwù."

41. 走累了，我们就坐下。
42. 剪刀要拿稳，不要乱剪乱晃。
43. 如果恐龙还活着，世界会变得怎样？
44. 夜幕悄悄降临，弯弯的月亮爬上了树梢。
45. 我正在床上做美梦，一阵哭声把我惊醒了。

华文水平测试

口语·中级

（适用年龄：12 岁左右）

样 卷

暨南大学•华文考试院

中国•广州

注意事项

一、本试卷共 46 题，分四部分：

1. 跟读单音节字词（15 题）

2. 跟读双音节词语（15 题）

3. 跟读多音节词语（10 题）

4. 听辨停顿并跟读句子（6 题）

二、考试时间 13 分钟

一、听录音，跟读单音节字词，听完后请马上重复。每题听一遍。（第1—15题，共15题）

• **发音要准确、清晰、饱满。**

> **例如：** 你看到“大”，并听到“dà”，听完后跟读“dà”。

1. 版
2. 烙
3. 击
4. 溶
5. 裹
6. 霉
7. 情
8. 乳
9. 堤
10. 解
11. 搭
12. 险
13. 税
14. 赚
15. 临

二、听录音，跟读双音节词语，听完后请马上重复。每题听一遍。（第16—30题，共15题）

• **发音要准确、清晰、饱满。**

> **例如：** 你看到“阿姨”，并听到“āyí”，听完后跟读“āyí”。

16. 灯塔
17. 财迷
18. 场所
19. 急流
20. 把手
21. 朝霞
22. 闷热
23. 混乱
24. 废品
25. 厨子
26. 玛瑙
27. 欢庆
28. 担任
29. 祖母
30. 打鸣儿

三、听录音，跟读多音节词语，听完后请马上重复。每题听一遍。（第31—40题，共10题）

• **发音要准确、清晰、饱满。**

> **例如：** 你看到“动物园”，并听到“dòngwùyuán”，听完后跟读“dòngwùyuán”。你看到“各种各样”，并听到“gèzhǒng-gèyàng”，听完后跟读“gèzhǒng-gèyàng”。

31. 单眼皮
32. 等不及
33. 连续性
34. 来源于
35. 俯卧撑
36. 对牛弹琴
37. 做白日梦
38. 一肚子气
39. 乌鲁木齐
40. 灯火辉煌

四、听录音，跟读句子，跟读时注意句子的停顿，每个句子有一处停顿。每题听两遍，听完第二遍后请马上重复。（第41—46题，共6题）

· **发音要准确、自然、流畅。**

例如： 你看到："小明一大早就起床了今天是开学第一天。"并听到："Xiǎomíng yīdàzǎo jiù qǐchuáng le/jīntiān shì kāixué dì-yī tiān."听完后跟读："Xiǎomíng yīdàzǎo jiù qǐchuáng le/jīntiān shì kāixué dì-yī tiān."

41. 天空看着近其实很远
42. 哪怕我说不过他也得说
43. 每到周末博物馆里的人就多得不像话
44. 柳条在风中翩翩起舞似乎在欢迎我们的到来
45. 书给我打开了一扇知识的大门丰富了我的精神生活
46. 由于大气污染和光污染城市的夜空已经很难看到星星了

华文水平测试

口语·高级

（适用年龄：18 岁左右或成人）

样　卷

暨南大学•华文考试院

中国•广州

注意事项

一、本试卷共 58 题，分三部分：

1. 跟读双音节词语（30 题）

2. 跟读多音节词语（20 题）

3. 听辨停顿并跟读句子（8 题）

二、考试时间 15 分钟

一、听录音，跟读双音节词语，听完后请马上重复。每题听一遍。（第1—30题，共30题）

• **发音要准确、清晰、饱满。**

> **例如：**你看到“阿姨”，并听到“āyí”，听完后跟读“āyí”。

1. 促使	11. 磅礴	21. 行程
2. 鼾声	12. 资助	22. 后记
3. 嘴脸	13. 年轮	23. 果敢
4. 交战	14. 富豪	24. 兼职
5. 列入	15. 成本	25. 伴侣
6. 反响	16. 戏曲	26. 操心
7. 白净	17. 对称	27. 惘然
8. 场馆	18. 汇款	28. 推敲
9. 凡人	19. 审美	29. 骨髓
10. 打盹儿	20. 规矩	30. 门槛儿

二、听录音，跟读多音节词语，听完后请马上重复。每题听一遍。（第31—50题，共20题）

• **发音要准确、清晰、饱满。**

> **例如：**你看到“动物园”，并听到“dòngwùyuán”，听完后跟读“dòngwùyuán”。你看到“各种各样”，并听到“gèzhǒng-gèyàng”，听完后跟读“gèzhǒng-gèyàng”。

31. 高精尖	36. 助学金
32. 情分薄	37. 栽跟头
33. 倒计时	38. 威士忌
34. 想当然	39. 一刀切
35. 自动化	40. 超豪华

41. 八仙过海
42. 捅马蜂窝
43. 沉得住气
44. 赤手空拳
45. 作壁上观
46. 机不可失
47. 油盐酱醋
48. 十四行诗
49. 诸如此类
50. 大型车道

三、听录音，跟读句子，跟读时注意句子的停顿，每个句子有两处停顿。每题听两遍，听完第二遍后请马上重复。（第 51—58 题，共 8 题）

• **发音要准确、自然、流畅。**

例如：你看到："到了总决赛我们拼尽全力取得了胜利。"并听到："Dàole zǒngjuésài / wǒmen pīnjìn quánlì / qǔdéle shènglì."听完后跟读："Dàole zǒngjuésài / wǒmen pīnjìn quánlì / qǔdéle shènglì."

51. 北京中国首都全国文化中心
52. 俗话说得好台上一分钟台下十年功
53. 她受了打击非常消沉一点儿精神都没有
54. 他来自地球我来自火星我俩一见面就开战
55. 回首往事虽说物是人非但也能记起昔日的美好
56. 面对压力每个人的解压方式不同你是怎么缓解的
57. 说话太直接可能在无意中伤害别人自己却毫无察觉
58. 微风轻轻吹过水面波光粼粼像是有无数颗珍珠落在了湖面上

图书在版编目(CIP)数据

华文水平测试样卷/暨南大学华文学院，暨南大学华文考试院编. —北京：商务印书馆，2022
ISBN 978-7-100-21802-3

Ⅰ.①华… Ⅱ.①暨…②暨… Ⅲ.①汉语—对外汉语教学—水平考试—习题集 Ⅳ.①H195.6

中国版本图书馆 CIP 数据核字(2022)第 200062 号

华文水平测试样卷
暨南大学华文学院 暨南大学华文考试院 编

商 务 印 书 馆 出 版
(北京王府井大街 36 号 邮政编码 100710)
商 务 印 书 馆 发 行
北京虎彩文化传播有限公司印刷
ISBN 978-7-100-21802-3

2022 年 12 月第 1 版 开本 880×1230 1/16
2022 年 12 月北京第 1 次印刷 印张 14
定价：98.00 元